【제2판】

능력있는 부모가 되는 비결

황순각

KNOWLEDGE COMMUNITY 공동체

Prologue

추천의 글

남자들은 대부분 20세가 넘어서면서 군대를 가게 된다. 군대 가기가 두려운 이유 중의 하나는 사회와 단절되어 힘든 점도 있지만, 경험해 보지 않은 곳이기에 오는 두려움이 크기 때문이다. 군대생활에 대해 먼저 다녀온 친구들로부터, 선배들로부터 이런 저런 이야기를 듣지만, 약간씩 부풀려진 무용담 수준으로 듣게 된다. 군생활이 다 똑같지 않아서 어렵기는 하겠지만, 누가 군대생활에 대해 처음 입대할 때부터 훈련소생활, 자대배치와 내부반 생활, 상하관계 등을 어떻게 해야 할지 하나하나 꼼꼼하게 소개해 준다면 좋겠다 하는 생각을 해본 적이 있다.

가보지 않은 길을 갈 때의 두려움, 그래서 누군가 먼저 가본 사람이 그 길을 소개해 주면 크게 도움이 되고 유익하다. 군대와 비슷한 게 결혼과 자녀양육이 아닐까 싶다. 가보지 않은 길이다. 미리 연습을 해볼 수 있는 것도 아니다. 그런데 너무 중요한 인륜지대사이다. '바다에 나갈 때는 한 번 기도하고, 전쟁터에 나갈 때는 두 번 기도하고, 결혼을 할 때는 세 번 기도하라'고 했다. 요즘은 예전과 달리 '결혼예비학교' 같은 프로그램들이 많이 생겨나서, 거의 사랑 하나 믿고(?) 결혼무면허로 결혼하던 때와는 많이 달라졌다. 참 바람직한 과정이라 여겨진다. 최소한의 이론적인 준비라도 결혼면허증을 준비하는 기회가 될 수 있으니까.

그럼, 자녀양육은 어떻게 하나? 이제는 한 가정에 자녀가 한 명 내지, 두 명 정도인 시대여서 다른 무엇보다 더 잘하고 싶은 것이 '자녀양육' 아니겠는가. 내게 가장 소중한 자녀에게 최고는 못하더라도, 최선을 다해 잘 양육하고 싶은 것이 부모의 심정이다.

그런데 그렇게 잘하고 싶은 '자녀양육'이 미리 경험해 보지 못하는 일이기에… 좌충우돌 시행착오에, 별별 일들을 다 겪으면서 하나씩 하나씩 쌓여가는 것이 '자녀양육' 노하우이다.

누가 '자녀양육'에 대해 미리 경험해 본 사람이 마치 '요리 레시피'처럼 소개를 해준다면 참 좋을텐데…

어떤 분야에서 진짜 전문가일수록 그 일을 더 쉽게 잘 설명한다. 잘 가르치는 선생님들은 같은 수업내용을 어렵지 않게 가르친다. 귀에 쏙쏙 들어온다. 설교도 마찬가지다. 설교를 잘 하신다 하는 목사님들의 설교를 들어보면 같은 내용이라도 어렵지 않게 말씀하신다. 목사인 나도 그러고 싶어서 설교내용을 준비하고 나서는, 이 내용을 성도들이 어떻게 하면 좀 더 이해하기 쉽게 표현할까를 고민하며 고치고 또 고친다. 그래도 잘 안 된다. 더 많은 경력이 쌓여야 가능한 것이리라 여기며 스스로 위안을 삼는다.

유명 셰프는 그 요리가 간결하면서도 그 안에 맛의 비밀을 간직하고 있다. 자신이 수십 년간 요리를 하면서 터득한 노하우가 있기 때문이다. 그 요리의 노하우를 혼자 간직하지 않고, 누구나 따라서 할 수 있게끔 자신의 '레시피'를 공개하고, 설명해 주는 모습은 참 멋있게 보인다.

여기에 아주 훌륭한 '자녀양육 레시피'를 소개한다. 그냥 자녀양육에 참고할 만한 좋은 책이 아니라, 자녀양육에 너무나 유용한 책이다. 이 책은 자녀양육에 필요한 팁 정도가 아니라, 거의 '양육 레시피'이다. 이 책은 먼저, 유익해서 읽게 된다. 또한 재미가 있어서 놓지 않게 된다. 교육학 교수가 쓴 책인데도 어렵지 않다. 참 쉽다. 쉬운데도 유익하다. 내용물이 꽉 차 있다. 영양가가 골고루 담긴 요리 같다. 이론적인 것만이 아니라, 필자가 직접 자녀양육을 하면서 겪었던 노하우들을 그대로 담아내고 있어 피부에 와 닿는다.

당장 일선에서 자녀양육을 직접 담당하며 부딪히는 문제들로 고민하는 엄마들에게 해답이 되어줄 거라 확신한다. 또한 옆에서 자녀양육을 함께 책임지고 있는 아빠들도 꼭 알아두어야 할 '자녀양육 필독서'이다. 이렇게 좋은 책을 추천할 수 있어서 기쁘다. 감사하다.

김 광효
주말씀 교회 담임목사

Prologue

추천의 글

흔히 '밀림의 성자'로 불리는 슈바이처 박사는 군복무 중 성령 강림주일 휴가를 집에서 사랑하는 가족들과 함께 보내고 있었다. 마음으로 큰 행복을 느꼈다. 그는 그러한 행복을 자기만 누려도 되는지… 그리고 하나님께서 왜 자기에게 그러한 은혜를 주시는지 골똘히 생각을 하게 되었다. 그리고 어려서부터 갖고 있었던 가난하고 비참한 사람들에 대한 동정심이 마음속에 살아났다. 그는 많은 갈등과 회심을 통하여 마침내 어렵게 사는 아프리카인들을 돕기 위하여 아프리카로 떠났다.

황순각 박사는 서울에서 편히 살 수 있는 크리스천 가정주부이자 대학 강단의 교수이다. 부군은 많은 사람들이 부러워하는 서울대 의대 교수로 재직하고 있다. 슬하에 1남 1녀의 자녀들도 잘 양육하고 있다.

그러나 … 예수님의 은혜로 거듭난 삶을 살면서 무언가 부족함을 느꼈다. 그래서 일 년간이라는 긴 시간을 캄보디아의 자비량 선교사로 나섰다. 독한(?) 결심이었다. 열대지역의 캄보디아 시엠립 외곽지역의 작은 대학교 학생들을 가르치면서 선교하기 위함이었다. 무덥다 못해 뜨겁고 먼지와 매연 그리고 가난에 찌들고 불결한 모습이 넘치는 현지에서 열심히 노력하는 모습을 보면서 슈바이처의 삶이 내 마음에 오버랩 되었다. 엄청난 희생이고 고생이며 자기를 낮추는 생활의 본을 보인 것이다. 크리스천 교수라고 해서 다 그렇게 할 수는 없지 않은가….

나는 캄보디아 선교의 현장에서 황 교수님의 활동을 상당 기간 목격하며 감동을 받았던 사람이다. 황 교수님은 유아교육을 전공하셨지만 정작 자기 자신의 자녀교육이 이론대로 잘 되지 않아서 가슴앓이를 체험했다. 고통과 아픔 그리고 눈물이 있었다. 그러한 이론과 실제의 다름을 몸소 체험하면서 자녀교육의 어려움을 솔직담백하게 고백하고 있다. 그러면서 끝까지 교육자로서의 양심적 메시지를 전하고 있기 때문에 마음에 큰 공감과 감동을 받고 나는 눈시울이 뜨거웠다.

이 책이 기억에 남고, 한 번 읽고 끝나는 게 아니라 두고두고 읽고 싶고, 또 다른 사람들에게 추천하고 싶은 이유는 정말 '다양한 주제'를 '참 쉽게' 접근해서 교육학을 전공하지 않은 독자들도 이해하기 쉽다는 점이다. 또한 아이들과 함께하기 위해 본인의 유학을 포기할 정도로 자녀들을 위해 기꺼이 자신을 희생하고, 아이들을 위한 선택을 하는 모습 속에서 많은 것을 느끼게 한다. 이 책은 그런 부모의 마음을 잘 이해하고, 아이를 기르는 데 좋은 가이드라인이 되어준 것 같아서 마냥 기쁘다.

이렇게 실제적이고, 거부감 없이 책 속의 내용을 공감하며 읽을 수 있었던 것은 교육학자이기 이전에 아이들의 어머니로서 직접 자녀들을 양육하며, 학자로서 고민하고, 연구한 결과이지 않을까 생각해 본다. 하지만 무엇보다도 이 책이 정말 특별했던 것은 다른 자녀교육 서적에서는 별로 볼 수 없는 '기독신앙'에 관련된 부분이었던 것 같다. 학문에 대한 학자로서의 고집보다는 인간적인 부족함과 미성숙함을 고백하고, 자녀를 양육할 때나, 강의할 때, 책을 쓸 때, 순간순간 주님의 도우심을 구했던 겸손함을 느낄 수 있다. 무엇보다도 하나님의 도우심이 함께해야 한다는 것을 알게 된다.

이게 진정으로 '능력 있는 부모가 되는 비결'이 아닐까?

박준근

전남대학교 명예교수, 캄보디아 왕립 민체이대학교 자문교수, Ph.D.

Prologue

저자의 글

저는 대학졸업과 동시에 결혼하여 허니문 베이비를 출산하였기 때문에 엄마로서도, 아내로서도 준비되지 못한 결혼생활을 시작하였습니다. 따라서 이 책의 내용 대부분은 그동안 제가 겪었던 수많은 시행착오와 좌충우돌한 경험들로 즐비합니다.

첫 아이를 낳은 후 18개월이 되었을 즈음 대학원에서 유아교육이라는 학문을 처음 접하게 되었습니다. 그 당시 저로서는 공부하는 것이 힘들다기보다는 학문과 육아가 일치되는 현장의 중심에 있었기에 즐겁고 흥분되는 나날이었습니다. 유아교육은 저를 변화시키고, 유아를 향한 저의 생각을 변화시키고, 제 아이들을 변화시켰습니다. 그 당시 저는 그 변화들이 감격스러워 모든 사람에게 알리고 싶었고 길거리에서 엄마가 자녀를 때리는 모습을 볼 때면 안타까움에 그냥 지나칠 수가 없었습니다. 제가 배운 지식을 전부라 여기며 온전히 실천하려고 애쓰던 시절이었습니다.

어느덧 석사를 마치고 자녀를 키우면서 다른 아이들도 가르치며 박사공부를 하는 동안 학문은 깊어가고 인생의 연륜은 쌓여갔습니다. 두 아이의 엄마로서 일하는 여성으로서 직면한 우리나라의 현실은 부모님의 온실 속에 화초처럼 곱게 자라온 공주병 아줌마에게 그렇게 녹록한 곳이 아니었습니다. 학문적인 이론과 현실 사이의 한없는 괴리에 부딪히게 되었던 겁니다.

이러한 인생을 엮어오는 동안 교육학자로서뿐 아니라 어머니로서도 하고 싶은 말들이 너무 많았습니다. 제가 성공했던 것들은 성공한 대로 실패했던 것들은 실패한 대로 독자에게 다가가고 싶었습니다. 저의 성공 못지않게 미흡했던 부분들도 독자들에게 도움이 되리라 믿기에 진솔하게 밝히기로 했습니다. 서점에 출간되어 있는 수많은 자녀교육 서적들에 이 책을 한 권 더 추가하기보다는 교육학을 전공한 엄마의 자녀교육 체험을 생생하게 공개함으로써 이 땅의 고통받는 엄마들에게 미약하나마 위안과 희망을 줄 수 있기를 바랍니다.

자녀교육을 위한 어떠한 이론도 정답이 될 수 없으며 한 아이 아이에게 가장 바람직한 의사소통 방법을 발견하는 것이 우선되어야 할 것입니다. 진정으로 아이에게 필요한 것을 알아내고 그것을 할 수 있도록 도와주는 것이야말로 가장 위대한 자녀교육의 지름길이라는 생각입니다.

오늘 이 자리까지 저를 있게 해주신 부모님의 헌신과 사랑에 본 지면을 빌려 감사드립니다. 졸업장의 잉크가 마르기도 전에 결혼한 철없는 아내를 있는 모습 그대로 사랑해 준 남편 김영환 교수께 감사드리며, 딸 슬아와 아들 규승이에게도 감사를 전합니다. 이 고달픈 엄마의 아이들로 태어나 준 것을 감사합니다. 마지막으로 이 모든 것들을 허락해 주시고 이루어 주신 하나님께 감사와 영광을 돌립니다.

저자 황순각 올림

Contents

차 례

4장 실천이 능력이다 … 143

5장 신의 사랑을 먹고 크는 아이 … 191

1 장

유아기는 영원하다

“세살 버릇 여든까지 간다”, “습관은 제2의 천성이다”는 경구들은 유아교육의 필요성과 중요성을 잘 표현해주고 있는 말들이다. 한 인간의 생애를 돌아보면 유아기에 경험하는 세상과의 상호작용은 전 생애를 통해 깊은 영향을 미친다고 할 수 있다. 유아교육을 전공한 전문인으로서 아직 아이교육의 실제를 경험해 보지 못한 세상의 수많은 예비 엄마와 아빠들에게 조금이라도 도움이 되고자 실생활 속에서 실천했고 경험했던 생생한 육아법들을 소개하려고 한다.

태교는 과학이다

대부분의 결혼 여성들은 엄마가 될 준비나 연습 없이 임신을 하게 되고 임신 후에는 기쁘고 약간은 흥분한 상태에서 신혼을 마감해 줄 주인공을 기다리게 된다. 요즈음 예비 엄마들은 똑똑하고 지혜로워서 태교에 관심이 많아 좋은 음악 들으면서 정서적으로 안정되고 머리 좋은 아기를 낳으려고 노력하고 있다. 그러나 태교란 보다 적극적인 개념으로 일본의 타니구찌 박사는 다음과 같이 정의 내리고 있다. "태교는 마음으로 대화하면서 아기의 마음을 키우는 것으로 어머니의 혈액에 글자를 써서 아기에게 보내는 것과 같다."

첫 아이를 임신했을 때 나는 태교보다 너무나 힘든 신혼생활에 적응하느라 투쟁의 시간을 보내야 했다. 중매로 만나 짧은 연애기간을 거쳐 서로에 대한 충분한 이해 없이 결혼한 우리는 3일이 멀다하고 싸우면서 서로의 차이를 좁혀가고 있었다. 그 와중에 계획에도 없던 임신이 되었고 준비 없이 아기를 출산하게 되었다. 아니 엄밀히 말하자면, 태교에 대한 개념이 없었을 뿐 아니라 남편과의 불협화음 속에서 아주 부정적인 태교를 하고 말았던 것이다. 서로 상처주고 화내고 흥분해서 울고불고하는 사이에 몸속에서 아드레날린이 과다하게 분비되었고, 양수를 그대로 통과한 아드레날린은 태아를 수시로 자극하여 예민하고 성가신 아기로 만들고 있었다. 그 결과 아기는 태어나자마자 까다롭고 손을 많이 타는 아기가 되었다. 특히 놀라운 것은 자기 아버지를 싫어해서 아빠가 손을 대거나 안으려고 하면 심하게 울면서 거부하고 낯을 가렸다. 부부싸움 과정에서 엄마가 아빠를 미워하고 부정적인 감정을 가졌기 때문이었던 것 같다.

반면 둘째 때는 아기를 원했었고 결혼생활이 잘 적응되어 부부싸움을 할 일도 없었기 때문에 태교에 전념할 수 있었다. 좋은 생각하고 좋은 마음먹고 좋은 것만 보고, 기도 많이 하고 남편 사랑 많이 하면서 아기를 기다렸더니 순하고 편안한 아기가 태어났다. 어떤 엄마는 임신했을 때 시어머니와 사이가 안 좋아서 시어머니를 많이 미워했더니 아기가 할머니를 싫어하더라고 했다. 이 사실이 임상적으로 검증된 것은 아니지만 최소한 우리 아이들의 성격은 태교와 상당히 직결되고 있다.

예로부터 우리 조상들은 태교를 중시해 임신한 여성들에게 태교를 철저히 시켰는데 참으로 예지로운 일이었음이 최근 과학자들의 연구결과 밝혀지고 있다. 한때 태교붐이 일면서 임산부가 전에는 안 듣던 클래식 음악을 듣고 영어 잘하는 아이 태어나라고 잘 못하는 영어를 공부하는 등과 같은 인위적인 노력들은 산모가 스트레스를 받아 도리어 태교의 효과를 떨어뜨릴 수 있다. 가장 바람직한 태교란 엄마가 마음의 평화를 유지하는 가운데 뱃속의 태아와 교감하면서 아기의 마음을 키우는 것이라 할 수 있다.

기억하세요

태교는 아기의 마음을 키우는 것으로 어머니의 혈액에 글자를 써서 아기에게 보내는 것과 같습니다. 바람직한 태교란 엄마뿐 아니라 가족이 뱃속의 태아와 교감하면서 아기의 마음을 키우는 교육활동이라 하겠습니다. 육아는 태교부터 시작되므로 태교는 이제 선택이 아니라 과학입니다.

석 달 모유 여든까지 간다

나는 아이들에게 모유를 실컷 먹이고 싶었지만 젖의 양이 너무 적고, 병원 우유병 꼭지에 길들여진 아기가 젖을 빨지 않아 초유만을 먹이고 수유를 중단할 수밖에 없었다. 초유조차도 아기가 빨지 않아 유즙기로 일일이 짜내 그때그때 분유에 섞어 먹였다. 그 당시 젖 짜는 시간은 식구들이 양쪽에 한 명씩 붙어 유즙기를 가슴에 대고 짜냈기 때문에 마치 나는 젖소가 된 기분이었다.

큰 아이 때는 3주 정도 젖을 짜서 먹이면서 무사했는데 작은 애 때는 젖 짜는 과정에서 감염되어 유방 전체가 곪아 열이 40도까지 올라가는 젖몸살에 시달렸다. 다시 한번 엄마가 되는 신고식을 철저히 치른 셈이었다. 심할 경우에는 젖이 다 곪아 터져 유방을 절단해야 하는 경우도 있다고 하니 작지만 무사히 달려있는 유방이 그저 감사할 따름이다.

어떤 엄마들은 아기에게 모유를 먹이면 몸속의 양분이 다 빠져나가고 유방 모양이 미워지고, 제왕절개 등의 이유로 수유를 거부하는 경우가 있는데 이것은 의학적으로 옳지 못한 생각이다. 먼저 초유(산후 2주일 정도)는 아기와 산모 모두를 위해 신이 베풀어주신 자연의 섭리이다. 초유는 신생아를 먹이는 주식일 뿐 아니라 모든 질병과 감염으로부터 아기를 보호하는 온갖 항생제가 다 들어있는 보약이다. 그래서 보통의 모유와는 색깔부터 다르고 질적인 차이는 비교할 수 없을 정도이다. 또 산모가 초유를 몸 밖으로 배출시키는 과정은 자궁의 수축을 촉진하여 산후회복을 증진시켜준다. 수유를 한 엄마의 유방은 수유를 하지 않은 엄마의 유방보다 암에 걸릴 확률이 몇 배 낮은 것으로 최근 밝혀지고 있다. 이러한 신체적·생물학적 유익을 떠나, 모유는 아기에게 가장 이상적인 양식이며 수유하는 과정에서 아기와 엄마가 피부접촉을 통해 형성하는 유대관계, 즉 애착형성은 어떤 것으로도 대체할 수 없는 절대적 가치임을 상기할 필요가 있다.

최근에는 이러한 가치에 대한 인식이 높아져 산모와 신생아를 분리하지 않고 처음부터 엄마 품에서 수유할 수 있는 생태학적(자연친화적)인 산부인과가 성업 중이라는데 바람직한 일이라고 생각한다.

딸아이에게 초유를 조금이라도 짜서 분유와 섞어 먹일 때는 우유를 다 먹고 난 후 소화를 잘 시키고 토하는 일이 거의 없었는데 모유를 중단한 채 분유만을 먹일 때는 소화가 안 되는지, 속이 불편한지 계속 칭얼대면서 우유를 조금씩 토해내던 모습이 지금도 선하다. 또 모유를 먹고 자란 아기들은 '빠는 욕구'가 충족되기 때문에 '공갈젖꼭지'의 필요성도 크지 않았던 것 같다. 가끔 거리를 오가며 엄마 등에 업혀 '공갈젖꼭지'를 열심히 빨고 있는 아기들을 보면 가슴 한 구석이 찡하다. 어릴 때 우리 아이들의 모습을 보는 듯해서….

기억하세요

분유는 인체가 아니라 젖소가 제공하는 영양분으로 만들어졌기 때문에 아기에게 이상적인 양식이 될 수 없습니다. 아기에게 이상적인 양식은 모유이며, 수유과정에서 피부접촉을 통해 형성되는 애착은 어떤 것으로도 대체할 수 없는 절대 가치가 있습니다. 그러니 엄마들은 모유먹이기의 특권을 마음껏 누리세요.

자연친화적인 먹거리

아기를 키우는 엄마들은 가사일과 육아일을 동시에 해야 하기 때문에 천기저귀를 사용하는 것이 번거롭고 불편하게 여겨질 수 있다. 하지만 천기저귀는 한 번만 사용할 수 있기 때문에 즉각적으로 아기의 불편을 해소해줄 수 있다는 점에서 중요한 의미를 갖는다. 아기가 젖어있는 종이 기저귀를 오래 차고 다닌다면 공기가 잘 통하지 않을 뿐 아니라 자신의 요구에 민감하게 반응하지 못하는 엄마에 대한 신뢰를 형성하지 못할 수도 있다.

나는 두 아이 다 천기저귀를 사용해서 키웠다. 아기 피부가 얼마나 예민한지 천기저귀를 쓰다가 외출할 때 잠깐 종이기저귀로 바꾸었는데도 금방 피부가 빨갛게 변하면서 부풀어 오르곤 해서 힘들더라도 천기저귀에 대한 당위성을 저버릴 수 없었다. 둘째 아이 때는 도우미 아줌마가 안 오셔서 유학시험 준비하면서 기저귀를 삶아 빨았다.

아기를 낳아 기르는 동안 육체적으로 힘이 많이 들어 언제쯤이면 육아가 끝나나 손꼽아 기다리지만, 사실 돌아보면 엄마 일생에서 아기와 함께 울고 웃으며 기저귀 빨래하고 이유식 만들어 먹이고 살결을 비빌 수 있는 시간은 길어야 3년 짧으면 2년 정도이다. 2년을 투자해서 평생 후회 없이 살 수 있다면 투자가치는 매우 높다고 할 수 있다.

"생후 1년간 이유식은 평생의 건강을 좌우한다"는 소아과의 표어처럼 이유식은 유아들이 처음으로 세상의 음식을 접한다는 점에서 특별한 관심과 주의가 필요하다. 시중에 여러 종류의 이유식이 나와 있지만 아무리 비싸고 명품이라 해도 엄마의 정성으로 만든 사랑의 이유식을 능가할 수는 없다. 딸아이 때는 어린 엄마였고 의무감이 앞서 이유식을 만들었다면 아들아이 때는 "이제 내 인생에서 아기를 위해 이유식을 만들 날은 다시 없을 것"이라는 아쉬움에 하루하루 아기가 커가는 것을 아쉬워 하면서 만들었다. 그 당시 나의 하루는 "오늘은 무슨 영양가 풍부한 특별 죽을 끓여 우리 아기에게 먹일까?"로 시작되었다.

당시 우리 아기들에게 먹였던 이유식을 조금 소개해 보면 다음과 같다. 먼저, 소고기나 멸치, 콩 등을 넣고 충분히 우려낸 국

물에 여러 종류의 잡곡을 믹서에 곱게 갈아 넣고 죽을 끓인다. 이것을 하루에 두 번 정도 우유 먹는 사이사이에 숟가락으로 떠 먹인다. 온갖 야채와 계절 과일은 주스로 만들어 분유에 섞어 흔들어 먹인다. 이유식을 열심히 먹은 우리 아기들은 풍부한 단백질과 살아있는 비타민을 섭취한 덕분에 감기나 요즈음 흔한 아토피, 각종 질병을 피할 수 있었다. 두 명 다 아직까지 병치레를 별로 한 적이 없을 정도로 건강하게 자라 주었다. 아기는 엄마의 정성을 먹고 크는 것 같다. 우리 모두가 그랬던 것처럼….

나는 지금도 유기 농산물을 주로 먹고 인스턴트 식품을 멀리하는 식단을 유지하고 있다. 집에서는 일회용 제품 사용을 삼가하고 환경을 오염시키지 않는 비누와 세제를 쓰면서 친환경적인 생활을 실천하려고 노력하고 있다. 가끔 쓰레기 더미에 휩싸인 산천을 대할 때나, 아무런 의식 없이 마구 버려지는 재활용품들을 볼 때면 마음이 아프다. 우리 주부들이 앞장서서 지구를 지켜 나가야 할 때라고 생각한다.

기억하세요

아기는 엄마의 정성을 먹고 큰다고 할 수 있습니다. 요즈음 대두되고 있는 환경호르몬의 폐해를 피해 가려면 어떻게 해야 할까요? 인스턴트식품이나 화학재료를 멀리하는 건강한 먹거리만이 아토피와 허약체질을 물리칠 수 있겠지요.

하루 한 시간이 아이의 성공을 좌우한다

이 시대 일하는 엄마들의 공통적인 죄책감은 "애들하고 같이 있어줄 시간이 없어서", "애들한테 잘 해 주질 못해서"일 것이다.

세상에서 제일 불쌍한 여자 중의 하나가 대한민국에서 '일하는 엄마'가 아닐까? 생각한다. 우리나라에서 일하는 엄마는, 선진국처럼 나라가 아기를 책임지고 길러 주지도 않고, 남편이 가사일을 공평하게 분담하지도 않으며, 아주 운 좋은 몇몇을 빼고는 양가 부모님들이 길러 주지도 않는 토착적인 상황에서 살아남아야 한다. 여기에는 더 이상 인간적인 생활을 논하기보다는 그저 살아남아야 하는 생존의 문제만이 존재한다. 여자들은 살림과 직장, 그리고 육아문제를 동시에 해결해야 하는 슈퍼우먼으로도 부족해서 울트라 슈퍼우먼이 되어야 하는 것이다.

반면 남편들은 집안을 먹여 살리는 가장이라는 이유 하나만으로 집에 들어오는 순간부터 목에 힘을 주고 "이제부터 나는 휴식을 취해야 해" 하면 끝나는 것이다. 그 누가 있어 이 시대 힘든 가장에게 감히 무슨 요구를 하겠는가?(요즈음 신혼부부들의 풍속도는 많이 달라지고 있지만)

일하는 엄마들은 밖에서 일하고 지친 몸을 이끌고 들어오면 집안은 휴식공간이 아니라 또 다른 일터가 되어 있다. 일하는 엄마들의 휴식처는 어디인가? 혹자는 도우미 아줌마를 쓸 수도 있지 않느냐고 한다. 하지만 도우미 아줌마는 어디까지나 도우미일 뿐 절대 주부가 될 수 없다는 한계를 안고 있다.

이러한 현실에서 일하는 엄마들은 어떤 전략을 세워야 할까? 아기에 대한 어떤 종류의 '죄책감'이나 '미안함'은 별로 도움이 되지 않으니 이참에 다 털어버리고 '하루에 한 시간만'이라는 모토를 지켜보자. 이것은 하버드 대학의 연구 결과로 "하루에 70분씩 자녀와 질적인 상호작용을 하는 부모의 자녀는 그렇지 않은 부모의 자녀보다 성공적인 삶을 영위한다"는 것이다. 참으로 감격스럽고 다행스러운 결과가 아닐 수 없다. 다시 말하면, 하루 종일 아기 옆에 붙어 있다고 해서 훌륭한 아이로 성장시킬 수 있음을 의미하지 않는다는 것이다. 즉, 아이 교육은 함께 있는 시간의 양적인 문제가 아니라 상호작용하는 질적인 문제다. 아기와 함께 오래 있으면서 아기의 반응은 무시한 채 자신의 일을 하거나, 가사부담과 육아일에 지쳐 계속 짜증을 내면서 자신도 모르게 아기와 부정적인 상호작용을 하는 엄마는 아기와 잠시 같이 있어도 (최소한 70분) 그 시간만큼은 전존재로 몰입해서 상호작용해 주는 엄마보다 아기에게 좋지 못한 영향을 주고 있는 것이다.

딸아이가 아기였을 때 석사과정을 공부했던 나는 많이 놀아줄 시간이 없었기에 이 연구결과를 굳게 믿고 실천에 옮기던 중 논문 학기 마지막 일주일 정도 전혀 상호작용에 충실하지 못한 때가 있었다. 그때 단 며칠 사이였지만 딸아이의 태도는 불만에 차서 공격적으로 변화되던 것이 생생하다. 하물며 그런 유년시절을 보낸 청소년들의 일탈이나 애정결핍의 고통은 미루어 짐작할 수 있을 것이다.

영국의 교육학자인 쉴러는 "세상의 모든 어린이는 자신에게 "너는 정말로 훌륭하다"고 말해주고 생각해 주는 사람을 단 한 명이라도 가져야 한다"고

했다. 이 단 한 명이란 유아기 때부터 아기와 함께 교감하면서 성장해온 사람으로 부모가 되는 것이 당연할 것 같다.

기억하세요

하버드 대학의 연구 결과로 "하루에 70분씩 자녀와 질적인 상호작용을 하는 부모의 자녀는 그렇지 않은 부모의 자녀보다 성공적인 삶을 영위한다". 부모가 하루 종일 아기 옆에 붙어 있다고 해서 훌륭한 아이로 성장시킬 수 있음을 의미하지는 않습니다. 함께 있는 시간의 양이 아니라 질이 문제이므로 아기의 필요에 민감한 상호작용이 되도록 노력해 보세요.

건강한 아이가 공부도 잘한다

유아기의 신체 발달은 놀라울 정도로 빨라 급속한 성장을 하게 된다. 유아들은 잠시도 쉬지 않고 움직임으로 신체를 통하여 세상을 배워나간다고 할 수 있다.

요즈음은 건강한 아이로 키우는 것보다 영

리한 아이로 키우기를 원하는 부모가 많아 '영재'라는 제목이 붙은 책은 잘 팔리고 그렇지 않은 책들은 부모들의 주 관심사에서 밀린다고 한다.

이것은 아기들의 운동발달과 두뇌발달의 연관성을 이해하지 못하기 때문이라고 할 수 있다. 적절한 신체활동을 하게 되면 다음과 같은 효과를 볼 수 있다. 신체의 발육과 성장을 촉진하여 내장기능이 좋아지고 뇌 신경계의 발달을 자극하여 운동기능을 향상시키고, 몸의 순발력이 높아져 사고에 대처할 수 있고, 움직이는 동안 자신과 세계에 대한 정보를 얻으므로 인지발달이 일어나고 부정적인 감정과 스트레스를 배출시키므로 정서적 안정감을 느끼게 되는 유익함을 얻을 수 있다.

유아들은 많은 시간을 실내에서 보내기 때문에 실외놀이나 대근육활동을 경험할 수 있는 특별 환경을 제공해야 한다. 유아기 때는 혼자 움직일 수 있는 기동력이 없기 때문에 엄마와 함께 최소 하루에 한 시간씩 실외를 산책하면서 신선한 바깥 공기를 마실 필요가 있다. 보통, 봄, 가을과 같이 날씨가 좋을 때는 부모들이 유아들과 산책을 많이 하지만 여름이나 겨울 같은 계절은 산책을 꺼리는 경향이 있는데 이것은 1년 내내 지켜져야 할 운동습관임을 알아야 한다. 아무리 추운 한겨울 날씨에도 한 시간씩 집 앞의 운동장을 산책하고 운동기구를 활용한 신체활동을 꾸준히 해 온 우리 아이들은 겨울철 감기를 거의 앓지 않고 지나갔다.

내가 미국에서 체류할 당시, 겨울만 되면 특별히 눈에 띄는 아이들이 동네를 돌아다녔는데 눈이 펄펄 오는 추위 속에서 한결같이 반바지를 입고 돌아다니는 일본인 남자아이들이었다. 그들이 무슨 속셈으로 그러는지 직접 물어보지는 않았지만 얼핏 들은 바로는 남자아이들은 아랫도리를 차게 해야 된다는 설과 겨울에 극기 훈련 차원에서 추위를 이겨내야 더 건강해질 수 있다는 설이 가장 유력하다. 나중에 일본인 친구를 만나면 사실 여부를 잊지 말고 꼭 물어보아야겠다.

그 당시 나는 아들아이가 일본인이 아닌 것이 무척 다행스러웠다. 아무리 건강도 좋지만 바지를 겹으로 입어도 추운 미국 동부의 추위에 아이를 반바지 차림으로 내보낼 만큼 강심장의 엄마가 못되었기에 그때를 생각하면 지금도 등골이 오싹하다. 아니나 다를까 그 아이들은 겨울 내내 콧물을 줄줄 흘리면서 학교를 다니고 있었다. 극기 훈련도 좋지만 건강을 증진시키기 위해서는 무엇보다 규칙적인 운동습관을 정착시켜야 하는 것을….

외국에서는 온 국민이 운동에 관심이 많고 건강을 지키는 것이 운동을 열심히 한 결과임을 잘 인식하고 있는 편이다. 물론 정부가 앞장서서 운동할 수 있는 공간과 시간을 만들어 주면서 권장하고 있다. 예를 들면, 숲이 울창한 공원을 도시 한가운데서 자주 만날 수 있고 테니스장과 수영장, 농구장 등을 마을 곳곳에서 쉽게 만날 수 있다. 보통 몇 십 세대 이상이 거주하는 아파트

단지 내에는 반드시 수영장이 있어 여름에 주민들이 누구나 무료로 수영할 수 있도록 배려해 주었다.

운동습관이 하루아침에 이루어질 수 없듯이 건강도 단기간에 얻거나 지킬 수 있는 성질의 것이 아니다. 이것은 지속적으로 꾸준히 이루어지는 삶의 습관이며 우리가 밥을 먹고 잠을 자는 것만큼이나 생존을 위해 필수적인 것이다. 어릴 때부터 유모차를 타고 산책하고 운동하는 습관을 길러온 유아는 학창시절에 학업을 충분히 감당할 체력을 지니게 되고 운동을 통하여 감정을 순화해왔기 때문에 인성적으로도 건강한 청소년이 될 수 있다. 하루에 30분씩 일주일에 세 번 정도는 땀 흘리는 운동을 해야 건강을 유지한다는 미국 신체교육협회(COPEC)의 연구결과를 주시할 필요가 있다. 혹시 건강을 지속적인 노력을 통해 얻기보다 건강식품을 먹거나 속성 다이어트 혹은 침을 맞는 등과 같이 쉽고 빠른 길을 찾는 사람들이 있다면 왕도가 없음을 밝혀둔다.

기억하세요

유아들은 많은 시간을 실내에서 보내기 때문에 실외놀이나 대근육활동을 경험할 수 있는 의도적인 환경이 필요합니다. 어릴 때부터 운동하는 습관을 길러온 유아는 학창시절에 학업을 충분히 감당할 수 있는 체력을 지니게 되고 운동을 통하여 감정을 순화해 왔기 때문에 인성적으로도 건강한 청소년이 될 수 있답니다.

두뇌형인가, 가슴형인가

인간의 두뇌를 연구한 사람들은 생후 2년 동안이 두뇌발달의 결정적 시기라고 말하곤 한다. 이 시기는 유아 두뇌의 모든 부위가 역동적으로 변화하면서 발전하기 때문에 어떤 한 가지 기능을 집중적으로 가르치기보다 영아가 편안하고 자유롭게 탐색할 수 있는 물리적·심리적 환경을 만들어 주어야 한다. 만약 부모가 유아 스스로 배우고자 하는 욕구를 존중하지 못하고 부모가 원하는 것을 가르치려 한다면 오히려 유아의 두뇌발달에 역행할 수 있다. 왜냐하면 아기의 두뇌는 자신이 필요로 하는 학습을 자율적으로 추구하는 타고난 학습자이기 때문이다.

유아기의 연령별 두뇌발달을 살펴보면(김유미, 2001), 2세에서

4세 사이에는 정서지능을 담당하는 뇌가 발달하는 시기이므로 정서적인 능력이 길러지도록 도와주고 또한 모국어를 습득하는 언어발달이 중요한 시기이므로 언어적 모델을 제시하는 것이 필요하다. 4세에서 6세 사이에는 사물을 종합적으로 사고하는 능력이 증대되는 시기이므로 한 가지 사물을 다양한 각도에서 생각할 수 있도록 격려하는 대화가 필요하다. 또 다른 사람의 입장과 느낌을 공유할 기회를 많이 제공하여 유아기 때부터 상대방을 이해하고 배려하는 습관을 길러주도록 한다. 7세 무렵이면 공간지각을 담당하는 두정엽과 언어를 담당하는 측두엽이 활발하게 형성되기 때문에 수학과 과학을 비롯한 외국어 학습을 하는 데 적절한 시기라 할 수 있다.

세상의 모든 이치가 그러하듯이 교육에서도 가장 효과적인 최적의 순간이 있음을 상기해야 한다. 요즈음 조기교육 열풍으로 갓난아기 때부터 무엇인가를 열심히 가르치지 않으면 불안하고 남보다 우리 아이가 뒤쳐지는 것이 아닌가 하는 염려로 고민하는 엄마들이 늘고 있다. 여기에서 먼저 조기교육의 의미를 짚고 넘어가야 할 것 같다. 혹시 조기교육을 선행학습과 동일한 용어로 이해하고 있지는 않는가? 5세에 배워야 할 내용을 3세에 배우고 유치원에서 배워야 할 내용을 유아원에서 배우고 초등학교에서 배워야 할 내용을 유치원에서 배워야 하는 것으로 이해한다면 이것은 선행교육이지 조기교육이 아니다.

조기교육이란 신생아기 때부터 그 시기에 배워야 할 내용이나 수행과제들을 적절히 경험할 수 있도록 환경을 적극적으로 제공하는 행위를 의미한다. 교육의 본질은 유아들이 진정으로 필요로 하는 성장의 조건을 파악하고 성심을 다하는 관찰을 통하여 교육 가능 기회를 포착하는 일이다.

이러한 교육의 핵심을 이해하지 못하고 아이의 발달수준과 무관한 교육내용을 일방적으로 주입하게 된다면 두뇌는 스트레스를 받아 코티졸이라는 호르몬을 과다하게 분비하여 기억력을 담당하는 해마를 파괴하는 역효과를 가져 올 수 있다. 이러한 역효과는 이미 유치원이나 초등학교 저학년 아이들의 정서장애나 학습장애 등과 같은 부작용을 통하여 입증되고 있다. 성인인 어머니에게 지금 외국어나 수과학 같은 공부를 강요한다면 얼마나 힘겹고 부담스러울 지 추측해보면 아이들의 학업 스트레스를 가늠할 수 있을 것이다.

아기들은 성인으로 준비되는 것이 아니다. 아기일 때는 아기로서 경험해야 하는 삶의 방식이 있고 유아기에는 유아로서 청소년기에는 청소년으로서 성취하고 이루어가야 하는 특별한 삶의 방식이 있는 것이다. 자신이 속해 있는 시기에 이루어야 할 성장의 질이 충분할 수 있도록, 더 나아가 그것들을 즐겁게 성취할 수 있도록 도와주는 것이 교육의 목적이 되어야 한다. 즉 다시 말하면, 국화로 태어난 아이를 장미로 만들 수 없고 세모모양으로 태어난 아이를 네모모양으로 만들 수 없음을 인식하는 것이다. 국화로 태어난 아이는 장미가 될 수 없다. 아니 될 필요도 없다. 단지 국화 중에서 최고로 아름다운 국화꽃이 되면 되는 것이다. 국화를 장미나 백합으로 만들려고 하기 때문에 비극이 시작되는 것이다.

딸아이가 어렸을 때, 우리 부부는 굉장히 피곤함에도 불구하고, 실물교육의 중요성 때문에 매 주말마다 야외로 나가 동물원, 식물원, 놀이동산, 박물관, 미술관 등을 돌아다니며 하루 종일 목이 쉬도록 설명하고 아이의 질문에 대답하고, 질문을 하지 않으면 내가 질문을 던지는 식의 상호작용을 하였다. 책은 매일 한 권씩 읽어주고 다 읽은 후에는 그 내용을 기초로 사고력을 증진시킬 수 있는 질문을 던져 생각을 격려하고 창의적인 대답을 할 수 있도록 생각주머니를 키워 주었다. 최소 하루에 90분 이상을 아이와의 놀이시간으로 비워 두었다. 이런 노력의 결과 딸아이가 학교 들어가기 전에 읽은 동화책의 수는 300권 정도였고 언어발달이 뛰어나 타의 추종을 불허하는 언어 구사력을 지니게 되었다. 예를 들면, 생후 18개월 때 "조심해", 22개월 때 "이모할머니 신경 쓰지 마"와 같은 얘기는 지금도 우리 집안의 화제거리일 정도다. 만 2세가 되었을 때는 청산유수로 어른과 비슷한 수준으로 말하는 데 지장이 없었다. 만 두 돌이 지나 동네에 있는 놀이방에 다니기 시작했는데, 친구들 만나는 것이 좋아 다니는 첫 날부터 "엄마, 빠빠이"하면서 울어 본 적도 없는 사회적인 아이였다.

3세에 정식 유치원 교육을 받기 시작했는데 서울 시내에서 가장 교육적인 유치원을 찾아다니느라 헤맨 고통을 생각하면 지금도 숨이 찰 지경이다. 엄마의 교육철학에 맞추다 보니 집 가까이에 있는 내로라하는 유치원 다 팽개치고 버스를 꽤 오래 타면서 엄마와 교육철학이 일치하는 유치원에 다니게 되었다. 엄마가 원했던 곳은 문자 교육시키지 않고, 특별과외(미술, 음악, 영어)를 전혀 시키지 않는 아주 모범적인 유치원인 관계로 딸아이는 한글을 깨치지 못한 상태로 학교에 입학하게 되었다.

우리 아이들은 초등학교 들어가기 직전까지 공부(선행학습)라는 것을 해 본 적이 없기 때문에 두 아이 다 한글을 온전히 익히지 못 한 채 제도교육을 시작하게 되었다. 딸아이는 한글을 겨우 읽는 수준으로 쓰기는 이름만 쓸 수 있었다. 우리는 강남에 살고 있었기 때문에 다른 엄마들의 교육열을 감안할 때 딸아이는 학교생활을 시작하는 순간부터 성적을 매긴다면, 전교 꼴지였으리라. 아니나 다를까 그때는 초등학교 때도 시험을 보았는데 결과를 말해 무엇하랴. 아마도 꼴지였던 것 같다. 그러나 나는 흔들림 없이 믿고 있었다. 아기 때부터 조기교육을 충실히 받아온 딸아이의 가능성을….

기억하세요

조기교육은 아기를 성인으로 준비시키는 선행교육이 아닙니다. 아기일 때는 아기로서 경험해야 하는 삶의 방식이 있고 유아기에는 유아로서 청소년기에는 청소년으로서 성취하고 이루어가야 하는 특별한 삶의 방식이 있습니다. 자신이 속해 있는 시기에 이루어야 할 성장의 질이 충분할 수 있도록, 즉 머리와 마음이 균형있게 성장할 수 있도록 도와주는 것이 교육의 목적입니다.

한 손엔 사랑을, 한 손엔 매를

백화점이나 장난감 가게 앞을 지날 때 가끔 우리는 엄청나게 떼를 쓰면서 울거나 바닥에 드러누워 땀을 비 오듯 흘리며 소리를 질러대는 아이들을 만날 수 있다. 이런 아이들의 행동은 거의 발작에 가깝고 상식적인 수준으로 통제하기에는 이미 때가 늦은 상태다.

이런 유형의 유아들을 분석해 보면, 먼저 이 아이들은 지금까지 이러한 방식으로 자신이 원하는 것을 이루어 왔기 때문에 이 방법을 계속적으로 사용할 수밖에 없다. 자신이 하고 싶거나 원하는 것을 부모에게 좋게 말하거나 졸랐을 때는 해결되지 않았었는데 남들이 보는 앞에서 이렇게 발작성 떼를 썼더니 엄마가 창피해서 바로 들어주더라는 것을 이용하는 것이다. 두 번째 유형은 자신이 원하는 것은 언제 어떤 방법으로라도 이루어질 때까지 투쟁하여 성취하고야 말겠다는 결연한 의지의 소유자이다. 이런 아이들은 제대로 성장한다면 결국 뭐가 되어도 될 큰 그릇들이다.

이때에 우리 부모들은 어떻게 해야 하나? 과연 부모는 일방적인 피해자인가?

부모와 자녀 간의 관계를 연구해온 바움린드(Baumrind)는 부모들의 양육태도를 크게 허용주의형, 독재주의형, 권위주의형이라는 3가지 유형으로 나누고 있다. 얼핏 생각하면 이 3가지 유형 중에서 허용주의형이 가장 이상적일 것 같지만 연구결과는 우리의 예상과 엇갈리고 있다. 첫 번째 허용주의형은 유아들이 원하는 것은 무엇이든지 허용해 주고 생활의 주요 결정까지도 본인의 의사대로 하고 부모는 거의 개입하지 않는다. 부모는 도와주는 조력자 역할만 할 뿐 '노(No)'가 없다. 이런 유형의 부모 밑에서 자란 아이들은 성인이 되었을 때 의존적이고 책임감이 약하며 자신의 인생을 주도적으로 이끌어 가지 못하는 것으로 나타났다.

두 번째 유형은 독재자형으로 자녀는 부모의 뜻에 어떤 이견 없이 오직 순종하는 것을 미덕으로 삼는다. 모든 결정권은 부모 특히 아버지에게 주어지며 그 외의 가족들은 복종하는 일만 남아있다. 우리나라의 전통적인 가부장제를 기억하면 쉽게 이해가

갈 것이다. 이렇게 자란 아이들은 다른 사람들의 눈치를 많이 보고 불안해하고 소심한 성격이 되기 쉽다고 한다.

세 번째 유형은 권위를 가지는 형으로 위의 두 가지를 적절히 섞어 놓았다고 볼 수 있다. 규칙을 정해놓고 철저히 지키되 부모－자녀 간 대화의 통로가 열려있고, 부모는 자녀의 반대 의견을 경청하되 최종 결정권에 대한 권리를 소유한다. 이렇게 자란 아이들은 사회에서 가장 인기 있는 리더가 되고 적극적이고 긍정적인 삶을 영위하는 것으로 나타났다.

이 결과들을 분석해 볼 때 허용주의적인 방식은 자칫하면 방임이 되기 쉽고 독재적인 방식은 자녀를 불행하게 만들 수 있다. 이 두 가지를 조화롭게 한다면 '엄격하면서도 친절한 부모'라는 'STEP'('효율적인 부모가 되는 훈련'의 약자)의 용어를 인용할 수 있을 것 같다. 즉, 부모의 자녀 사랑이 합리적이고 이상적인 방법으로 표현될 때 '일관성 있는 엄격함과 주도적 결정권'은 필수적이다. 한 손에 '사랑'을 들었다면 다른 손엔 '사랑의 매'를 들고 균형을 잡아야 하는데 이때 필요로 하는 것이 "안돼!"의 법칙이다.

성경에 보면 "'Yes는 yes!, No는 no!'라는 말이 있다" 맞는 것은 맞다, 틀리는 것은 틀리다(아닌 것은 끝까지 아닌 것이다). 이것을 유아들에게 적용시키면 엄마가 한 번 '안 된다'고 하는 것은 어떤 일이 있어도 끝까지 '안 된다'는 것을 보여주어야 한다. 처음에 안 된다고 했다가 아이가 계속 조르면 귀찮아서 들어주고

손님이 와서 창피하니까 들어주고 집 밖에 나가서 사람들이 보니까 민망해서 들어주고 하는 식으로 일관성 없게 하는 것은 가장 치명적이다. 잘못된 가치관이라도 일관성 있게 밀고 나가는 것이 이것보다 더 나을 정도다. 나는 아이들이 어렸을 때부터 일관성을 중시했기 때문에 한 번 '아니'라고 내린 결정은 '왜 안 되는지' 아이가 이해할 수 있도록 차분히 설명해 주었다. 대부분의 경우에는 이 방법이 통하였지만 때때로 엄마의 일관성을 미처 파악하지 못한 아이가 계속 요구하거나 고집을 피울 경우에도 끝까지 흔들리지 않고 아이가 스스로 지쳐서 포기할 때까지 기다리고 기다렸다. 이렇게 몇 번을 하고 나면 아이들도 바보가 아니기 때문에(바보이기는커녕 뛰어난 전략가들임. 먹고 할 일이 이것밖에 없기에). "우리 엄마는 암만 해도 안 되는 것은 안 되니까 내가 쓸데없이 에너지 낭비할 필요 없지!" 하면서 다른 대안을 모색하게 되었다.

여기서 주의할 점은 이런 엄청난 지략싸움은 유아들이 성장하는 동안 몇 번 있을 만큼 소수이어야 한다는 사실이다. 즉 다시 말하면, 대부분의 작고 사소한 일은 유아들이 원하는 것을 다 들어주는 식으로 양보한 다음 크고 중대한 사안에서 결코 밀려서는 안 된다는 것이다. 예를 들면, 딸아이가 4세였을 때 한여름이었는데 겨울 털부츠를 신고 싶다기에 좀 더울 것 같으니 샌들을 신는 게 어떠냐고 권해 보았지만 굳이 부츠를 신겠다고 우겨서 그러라고 했다. 더운 한여름에 3일 동안 연속 부츠를 신고 유치원을 다니더니 나흘째 되던 날 "엄마! 나 발이 너무 덥고 땀이 많이 나서 이제 그만 신을래" 또 한 번은 외출을 하는데 운동화와 샌들을 각각 한 짝씩 따로 신고 나가고 싶다는 것이었다. 참 기가 막히는 일이었지만 안전을 위협하는 치명적인 것이 아니었으므로 양보 못할 것도 없었다. 그래서 한 쪽에는 샌들, 다른 쪽에는 운동화를 신은 신세대 패션으로 엄마와 손잡고 엘리베이터에 올랐다. 엘리베이터에 타고 있던 사람들은 이상스럽다는 표정으로 아이를 한 번 보고 엄마를 한 번 보고 또 다시 번갈아 보면서 고개를 갸우뚱거렸다. 나는 조금 창피스러웠지만 아이의 교육이라는 큰 대의를 위해 모른 척 시치미를 떼고 다른 데를 보고 있다가 얼른 내렸다. 엄마는 아무 말도 안했지만 그 패션을 보고 지나가는 어른들과 친구들이 가만있을 리 만무했다. "야 너 그게 뭐니? 너무 이상하다", "진짜, 웃긴다" 등등. 집에서 엄마가 아이와 논쟁하면서 에너지를 쓸 필요 없이 세상이 다 바로잡아 주었다. 물론 세상이 교정해 줄 때까지 남의 흉을 두려워하지 않고 꿋꿋하게 버틸 만큼의 용기는 필요하지만.

'사랑'의 또 다른 이름은 '절제'라는 것을 새기면서 아무리 귀엽고 예쁜 내 자식이라도 안 되는 순간에는 단호히 '안돼!'를 외칠 수 있는 부모가 되어야 할 것이다. 절제되지 못한 사랑이 서로를 어떻게 파괴하고, 남들에게 어떤 고통을 주는지 요즈음 곳곳에서 쉽게 만날 수 있기 때문이다.

기억하세요

이상적인 부모는 엄격하면서도 자애로운 사랑을 하는 사람들입니다. 즉, 한 손에 '사랑'을 들었다면 다른 손엔 '사랑의 매'를 들고 균형을 잡을 줄 아는 절제가 필요합니다. 인정에는 봄볕같이 따사롭고 잘못됨에는 서릿발 같은 사랑이 참사랑입니다.

옆집 아이 신드롬이 내 아이를 죽인다

지금까지 인간의 지능을 평면적으로 이해해 왔다면 하버드 대학의 하워드 가드너 교수는 처음으로 지능에 다양한 차원을 부여하는 다중지능이론을 발표했다. 인간의 지능을 여덟 가지 영역으로 나누고 있는데 각 영역들을 살펴보면, 언어지능, 논리－수학지능, 시각－공간지능, 음악지능, 신체－운동지능, 자연지능, 대인관계지능, 자신을 분석하는 내성지능을 들 수 있다.

언어지능이란 읽고 쓰고 말하고 듣기를 즐기는 동시에 재미있는 농담하기, 토론하기, 시 쓰기 등에 뛰어난 능력이다. 주로 변호사, 작가, 기자, 시인, 코미디언, 웅변가 등의 직업에 종사한다.

논리－수학지능이란 숫자나 관계성이 의미하는 상징에 관심이

많아 문제해결, 수 세기, 인과관계 규명, 사물분석 등에 뛰어난 능력이다. 주로 수학자, 추리소설가, 엔지니어, 발명가, 논리학자, 과학자가 될 확률이 높다.

시각－공간지능이란 그림이나 조각, 사물배열, 공간항해 등에 관심이 많고 그리기, 디자인하기, 색 배합, 뛰어난 방향감각 등을 소유하고 있다. 주로 건축가, 장식가, 항해사, 기하학자, 화가, 조각가, 사진작가 등의 직업에 종사한다.

음악지능은 음악과 멜로디, 리듬에 관심이 많아 여러 종류의 음악을 듣거나 창조하기를 좋아한다. 악기를 연주하고 노래를 부르고 음악을 작곡하고 감상하는 것을 즐긴다. 주로 종사하는 직업은 작곡가, 지휘자, 연주가, 악기제작자, 가수 등이다.

신체－운동지능은 움직임과 몸동작에 관심이 많아 신체활동이나 손 활동, 운동기술 익히기 등을 즐긴다. 주로 운동선수, 배우, 발레리나, 무용가, 마술사, 외과의사 등의 직업에 종사한다.

자연지능은 식물이나 동물, 구름이나 바위 같은 자연현상에 관심이 많고, 환경을 수집하거나 분석, 연구하고 동식물을 돌보는 것을 즐기는 능력이다. 특히 동식물의 생태학이나 환경적인 이슈에 예민한 편이다. 농화학자, 동물보호가, 동물조련사, 천문학자, 동식물학자, 수의학자, 생태학자, 해양학자 등의 직업에 종사한다.

대인관계지능은 다른 사람과 성공적으로 상호작용하면서 같이 일하고 배우고 활동할 수 있는 능력으로 리더십이 좋고 친구가 많고 자신과 다른 입장들을 잘 이해하는 편이다. 인류학자, 의사, 교사, 간호사, 자선사업가, 정치가, 사회상담, 사회개혁가, 사회학자, 토크쇼 사회자 등의 직업에 종사한다.

내성지능은 자기 자신을 아는 능력으로 자신의 내면적인 느낌이나 분위기, 정신 상태에 관심이 많다. 고독과 명상을 즐기며 취향, 계획, 환상, 기억, 느낌 등을 포함하는 내면적 사고를 탐색하는 작업에 열중하는 편이다. 주로 철학자, 시인, 심리학자, 정신과의사, 종교지도자, 신학자 등의 직업에 종사한다.

이러한 8영역은 지금까지 연구되어 온 하나의 훌륭한 이론에 불과할 뿐이며, 무한한 가능성을 가진 인간의 지능을 더욱 연구하면 80가지 아니 800가지 영역으로 밝혀낼 날이 올 수도 있다.

인간의 능력에 대한 가능성은 제한할 수 없으며, 8영역에서 동시에 모두 뛰어난 사람도, 한 가지에도 뛰어나지 못한 사람도 없다. 보편적으로 사람들은 뛰어나게 잘 할 수 있는 영역 몇 개씩은 소유하고 있다. 왜냐하면 이 8영역들은 독립적인 동시에 서로 상호작용하면서 깊이 연관되어 있기 때문이다. 예를 들면, 언어지능이 높아 말을 잘하는 사람은 자연적으로 사람들을 잘 사귀게 되고 대인관계지능이 높아질 가능성이 많다. 여기에서 가장 큰 관건은 자신이 잘 할 수 있는 것을 발견하는 것이다.

만약, 우리 어머니께서 가드너의 다중지능을 배우셨더라면 나의 유년시절은 훨씬 밝은 빛깔일 수 있었을 텐데…. 나는 2남 1

녀의 장녀로 아버지가 엄한 유교집안에서 태어났다. "첫 딸은 살림밑천이라"고 좋아한다는 옛 말이 무색할 정도로 내가 태어나는 순간 할아버지께서 섭섭함을 감추지 못해 못내 눈물을 글썽인 아들 선호집안이었다. 불행인지 다행인지 모르겠지만, 집안을 위해서는 다행이었지만 나 자신을 위해서는 불행스럽게도, 내 나이 15개월 만에 남동생이 태어났다.

나는 열정적이고 자기주장이 강하고 모험적인 편으로 아버지의 성격을 많이 물려받았는데 반해 동생은 차분하고 유순하며 순종적인 성격으로 항상 부모님의 사랑을 독차지했고 한없는 신뢰를 받았다. 우리 부모님들의 소원은 "내가 내 동생처럼 되는 것"이었다. 나의 성장기간을 통틀어 가장 많이 들었던 말이 있다면 단연코 "너는 왜 쟤처럼 되지 못하니?"였다. 그때마다 나는 결코 치유될 수 없는 상처를 받으며 마음 속으로 부르짖었다. "나는 ○○와 달라요. 나는 쟤가 아니에요. 나는 나에요"라고 말이다. 혹시 이 순간도 당신의 자녀들이 당신을 향해 이런 절규를 하고 있지는 않는가?

누군가와 비교하는 행위는 비교당하는 사람의 존엄성을 송두리째 부인하면서 조각내는 일이다. 멀리 갈 것 없다. 만약 당신의 남편이 당신을 아주 완벽한 위인 여성과 비교하거나 또는 옆집의 근사한 직장여성과 비교하면서 "당신이 집에서 하는 일이 뭐가 있어, ○○엄마는 살림도 잘하고 돈도 벌어오는데. 애들은 공부까지 잘해" 한다면 기분이 어떻겠는가? 이러한 비교는 인생의 소모전일 뿐이다. 능력의 비교는 서로를 죽이지만 개성의 비교는 서로를 살게 한다. 그 사람만이 가진 남과 다른 고유한 점을 발견하여 말해주자. "너는 이런 점이 달라서 새롭구나", "너는 이런 것을 잘 할 수 있구나."

우리 아이들은 집에서는 비교를 당하지 않고 성장했지만 사회생활 속에서 끊임없이 비교당해 왔음을 어느 날 알게 되었다. 아이들이 어릴 때는 태권도를 배웠고 최근에는 검도로 바꾸어 같이 배우고 있다. 이 과정에서 아들아이가 "나는 왜 누나만큼 잘하지 못할까?"로 스트레스를 많이 받았던 모양이다. 누나에게 열등감을 느끼는 듯해서 집에서 아무리 "너는 다른 것을 더 잘할 수 있지 않느냐"고 격려해 주지만 약효가 떨어지고 있다. 이렇듯 우리 아이들은 집에서 상처를 받지 않아도 나가서 수시로 상처를 받으며 자라고 있기에 집에서까지 상처를 또 안겨줄 수는 없다.

우리 사회는 "다른 것은 틀린 것이다"라고 생각할 정도로 다양성을 인정하지 않고, 다른 사람과 다르기 위해서는 큰 용기가 필요하다. 여기에 다중지능이론을 적용해보자. 내가 잘 할 수 있는 것은 무엇일까? 우리 아이가 잘 할 수 있는 것은 무엇일까? 내 아이에게 부족한 것은 무엇인가? 어떻게 하면 잘 하게 할 수 있을까?를 다른 사람과 비교하지 말고 자신 안에 있는 능력과 비교하면서 자신과의 싸움에서 최고가 되기 위한 수업을 시작해보자.

기억하세요

누군가와 비교하는 행위는 비교당하는 사람의 존엄성을 송두리째 부인하면서 조각내는 일입니다. 능력의 비교는 서로를 죽이지만 개성의 비교는 서로를 살게 한답니다. 아이들은 저마다 가지고 태어나는 재능이 다르기 때문에 먼저 부모님들께서는 자신의 자녀가 가진 독특한 능력이 무엇인지 발견할 수 있도록 관심 가져 주세요.

어! 동생이 생겼네

아기들은 생후 몇 년간 부모들의 사랑과 관심을 독차지하다가 어느 날 갑자기 찬밥 신세가 되어 매사 우선순위에서 갓 태어난 쪼그만 생명체에게 밀리게 된다. 이때는 식구들이 모두 힘겨운 상태에 있다. 엄마는 갓난아기 돌보랴 큰애 챙기랴 정신 없고 큰애는 사랑을 뺏긴 배신감에 치를 떠느라 힘들고, 아빠는 퇴근 후 휴식은 없어지고 계속되는 수면부족에 피곤이 엄습할 때다. 가족이 한 명 더 생겼기 때문에 변화된 상황에 적응하는 데 시간이 걸리는 중이다.

좀더 편안하게 생각하면서 이 시간을 지나갈 수 있으면 좋겠다. 먼저 큰애의 심정에 대한 부모의 이해가 필요한데 큰애의 신발을 신어 보았으면 한다. 갑자기 동생이 태어나 자신이 누리던 기득권을 송두리째 빼앗아간다면 어떤 심정이겠는가? 아기가 원망스럽고 없어져 버리기를 간절히 바랄 것이 틀림없다. 이런 상태의 형에게 동생을 예뻐해야 한다거나 위해 주라고 요구한다면 큰애 입장에서는 언어도단이다. 가히 인생의 쓴 맛을 처음 보는 순간일 것이다.

만약에 동생을 괴롭히거나 해치는 형이 있다면 부모는 나무라기 전에 큰애 마음의 상처를 어루만져 주어야 한다. 결코 형이 악하거나 성질이 못돼서 그러는 것이 아니다. 아마도 식구들이 동생을 만나기 위한 준비작업을 건너뛰었기 때문일 것 같다. 아기가 엄마 뱃속에 있을 때부터 형이 알 수 있도록 해주고 태아와 대화하면서 탄생을 기다릴 수 있는 마음의 준비를 시켜주고 가족의 일원으로서 출산과 육아에 동참시키는 작업이 필요하다. 아기가 태어나면 형에게 기저귀를 가져오게 한다든지 우유병을 잡고 있게 한다든지 목욕시킬 때 도와주게 한다든지 해서 심정적으로 형이 소외되지 않고 아기에게 자신이 필요하고 중요한 존재임을 인식시킬 필요가 있다(실질적으로 형이 도움이 되기는커녕 방해가 될 때가 많지만).

이런 세심한 주의에도 불구하고 딸아이는 점점 난폭해져갔다. 동생이 처음 태어났을 때와 갓난아기일 때는 한없이 사랑하고 아껴주던 아이가 동생이 크면서 자기의 영역을 침범한다고 생각했는지 심하게 때리고 거부하기 시작했다. 어떤 때는 이를 악물고 동생의 등을 때려 엄마가 겁이 나기도 했다. 나는 고민 끝에 평소에 내가 공평하게 대해준 것이 딸아이에게는 만족스럽지 못했다는 것을 알아차리고 불공평한 대우를 시작했다. 눈으로 보기에도 가장 좋은 것은 누나 주고 먹을 것은 3배쯤 더 주고 무조건 동생보다 좋은 것을 더 많이 안겨주었다. 정말 본인이 중요해서 대우받고 있다고 느끼게 해주었다. 수시로 스킨십을 해 주었고 하루에 한 번은 30초 이상 꼭 안아주면서 사랑한다고 말해 주었다. 딸아이의 의심(동생을 나보다 더 사랑하고 있다는)은 서서히 풀리고 어느 순간에 사라졌는데 그 다음은 아들아이였다. 아들아이가 어느 날 "엄마는 누나만 사랑하고 자기는 사랑하지 않는다"는 것이었다. 아들아이가 어릴 때는 불공평한 것을 모르고 지내왔지만 이제는 커서 불공평한 것을 판단할 능력이 생겨 버린 것이다. 아뿔싸! 나는 너무 늦게까지 이 전략을 쓰고 있었던 것이다.

동생이 태어나서 갈등을 겪는 일은 많은 부모들의 문젯거리인데 기지를 발휘하여 잘 극복한 경우가 있어 소개하고자 한다. A 부모는 이 문제로 고통 받다가 아빠가 아기에게 무관심한 작전을 쓰기로 했단다. 엄마가 아기를 안아주지도 않고 자기만 예뻐해 주면 가장 효과적이겠지만 아기의 생존을 위해 불가능한 일이므로 아빠가 나서기로 한 것이다. 즉, 큰애가 보는 앞에서는 아기 동생을 쳐다보지도 않고 안아 주지도 않고 무관심한 척 하면서 형하고만 놀아주고 사랑해 주고 안아 주다가 형이 잠들고 나면 부리나케 달려가 아기를 안아 주었다는 것이다. 이렇게 하면 큰아이는 '엄마는 배신자'라고 생각할지언정 "나에게는 아빠가 있어 아빠만은 내 편이야"라고 안심하면서 기댈 곳이 생겨 마음이 너그러워질 수 있다.

기억하세요

만약에 동생을 괴롭히거나 해치는 형이 있다면 부모는 나무라기 전에 큰애 마음의 상처를 어루만져 주셔야 합니다. 형에게 일방적인 양보를 강요하기보다 동생에게 자신의 기득권과 사랑을 송두리째 빼앗겼다고 느끼고 있는 형의 심정을 헤아려 주면서 협조를 요청할 때 갈등의 많은 부분이 해결될 수 있으리라 봅니다.

더불어 사는 법을 배워요

유아기의 아이들은 자기 고집이 강하고 아무리 설명을 해도 이해를 못하고 자기 주장을 굽히지 않을 때가 있어 부모들은 답답하다. 이것은 유아들의 지적 능력이 다른 사람의 입장을 이해할 수 있는 능력까지 발달하지 못해서 그런 것이지 유아들이 이기적이거나 성격이 나빠 그런 것이 아님을 알아야 한다.

피아제라는 인지학자가 유아기의 아이들을 데리고 실험을 했다. 중간에 산모양의 모형을 놓고 한 편에는 유아를 앉히고 반대편에는 인형을 앉혀 놓은 다음 유아들에게 물어보았다. "네 앞에 보이는 산 모양을 그림에서 골라 보아라"한 다음 "인형 앞에서 보이는 산 모양을 그림에서 골라 보아라"했더니 유아들은 자기

쪽에서 보이는 산 모양과 인형 쪽에서 보이는 산 모양 그림을 동일하게 선택했다. 이것은 유아기의 아이들이 상대방의 시각이나 입장을 자신의 것과 동일한 것으로 여길 만큼 다른 사람을 고려할 능력이 없는 자기중심성을 확인시켜 주는 실험이다. 이런 유아기의 특징들은 자기 이외 다른 사람의 존재를 인식하는 또래 집단과 교류하면서 자기중심성을 벗어나는 연습이 필요하다. 즉, 유아원이나 어린이집 같은 사회적 기관을 통해 지속적으로 받아야 할 훈련 과제이다.

'자기중심적'인 것과 '이기적'인 것은 구별되어야 하는 개념으로 '자기중심적'인 것이 세계의 중심에 자신이 있어 미처 다른 대상을 고려할 준비나 능력이 없는 것이라면 '이기적'인 것은 자신의 유익을 구하기 위해 다른 대상을 이용하는 고의적인 것이라고 볼 수 있다. 유아기의 자기중심성을 정상적으로 극복하지 못하고 성인이 될 경우 원만한 대인관계에 문제가 생길 수 있으므로 어릴 때부터 유아들은 다른 사람의 입장에 서보는 연습을 충분히 하는 친사회성을 길러야 한다.

이러한 훈련의 하나로 소유개념을 가르쳐 주는 것이 필요하다. 유아기 때부터 집안에서 물건을 사용할 때는 '아빠 거', '엄마 거', '내 거', '우리 거'를 정해놓고 다른 사람의 것을 사용할 때는 꼭 허락을 받도록 한다. 만약 엄마가 아이들 것을 빌리거나 쓸 일이 생기면 아이들 것이라고 허락 없이 함부로 사용하지 말고 주인의 허락을 받은 다음 사용하는 모습을 보여주어 생활화되게 한다. 이것을 실천하면 유아들이 다른 사람의 물건을 훔치거나 몰래 가져오는 일이 없게 된다. 소유개념이 확실하게 정립되어 다른 사람의 물건은 주인의 허락이 있어야만 쓸 수 있다는 사실을 알게 되기 때문이다.

다음으로는 유아들이 사회적인 이슈에 관심을 갖도록 뉴스, 신문, 잡지의 사진이나 그림, 사건 등을 토대로 세상에서 일어나고 있는 일들을 부모가 소개하고 의견을 나누면서 해결책을 토론해

보는 방법이다. 대부분의 부모들은 "어린 것이 뭘 알까", "아이들이 알기에는 너무 어린 것 아니에요"할지 모르지만 아이들의 말로 바꾸어서 쉽게 설명해 주면 아이들도 다 이해할 수 있다. 예를 들면, 여름에 태풍이 와서 홍수가 심하게 나면 뉴스와 신문에 크게 나온다. 그때 아이들에게 뉴스를 보게 하면 홍수가 난 곳의 사람들과 집이 화면 가득 나와 어려운 상황을 전달해 준다. 아이들과 함께 보면서 "저 사람들의 마음은 지금 어떨까? 우리가 도움을 주기 위해 할 수 있는 일은 무엇일까? 우리는 집에서 어떤 노력을 해야 할까? 태풍의 피해를 줄이려면 어떻게 해야 할까? 태풍은 왜 왔을까?" 등을 토론한 후 피해를 나누기 위한 구체적인 방법들을 실천해 나간다. 식구 수대로 후원금을 모으고 각자의 옷과 학용품을 정리해서 보내고 아픔이 가실 때까지 오락활동을 삼가고 그들을 위해 매일 기도로 간구하는 것 등과 같은 작은 일들을 실천한다.

우리나라는 예부터 명문가의 양반들은 노블리스 오블리쥬(귀족의 사회에 대한 책임)를 충실히 수행해온 것으로 알려져 있다. 흉년이 들어 어려울 때는 땅을 팔려고 내 논 사람들의 땅을 사지 않고, 소작을 하는 사람들이 끼니를 굶는 보릿고개에는 자신들도 쌀밥을 먹지 않았다. 재산은 만석 이상을 모으지 않고 만석이 넘으면 반드시 사회에 환원하였고 사방 100리 안에 굶어 죽는 사람이 없게 하였다. 사랑방에는 손님을 위한 침식을 제공하여 사람들이 언제나 먹고 잘 수 있게 마련해 주었다고 하니 더불어 살아가는 사람들의 고통에 동참하는 아름다운 모습이 아닐 수 없었다.

서양의 상류층에서도 이런 책임의식은 강하게 나타난다. 그들은 자녀가 어릴 때부터 용돈을 이렇게 사용하도록 가르친다고 한다. "너 자신만을 위해서 돈을 쓰지 마라. 돈의 1/3은 너의 친구들을 위해 1/3은 너를 위해 1/3은 어려운 이웃을 위해 쓰라"고 한 다음 가계부를 적게 하여 제대로 실천이 이루어졌을 경우에만 다음 용돈을 준다고 한다. 상류층이 된다는 것은 돈이 많아 큰집과 비싼 차 명품 옷을 입는다고 되는 것이 아니라 정신과 의식이 보통사람과 다른 상류임을 알 것 같다.

기억하세요

유아들은 상대방의 시각이나 입장을 자신의 것과 동일한 것으로 여길 만큼 다른 사람의 입장을 고려할 능력이 없는 자기중심적인 세계관을 가지고 있습니다. 이러한 자기중심성을 극복하기 위해서는 어릴 때부터 다른 사람의 입장에 서서 생각하고 느껴보는 연습이 충분히 이루어져야겠지요.

아이 세상, 놀잇감 세상

아기를 키우는 엄마들의 관심사는 주로 아기의 교육과 건강에 모아진다. 아기를 위한 교육이 비싼 교구나 돈이 많이 드는 레슨일 필요는 없다. 아기가 흥미를 느끼고 즐거운 가운데 지적 욕구를 충족시킬 수 있다면 무엇이든지 훌륭한 놀잇감이 될 수 있다.

먼저, 영아기 아기들의 지적이고 정서적인 자극에 적합한 놀잇감을 살펴보면, 갓 태어난 아기는 누워서 보내는 시간이 많으므로 아기 주변에 색깔이 고운 모빌을 걸어주거나 화려한 이불을 준비하여 시각적인 자극을 주도록 한다. 모빌도 2주일에 한 번씩 방향을 바꾸어 주거나 종류를 바꾸어 준다.

생후 3개월이 되면 아기들은 물체에 손을 뻗어 잡으려고 하는 시도를 한다. 이때 아기의 시각은 대상물에 초점을 맞추는 것이 가능해지고 물건을 인식할 수 있으므로 시간이 날 때마다 그림이 화려한 책을 보여 주면서 놀아준다. 발로 차면 소리가 나거나 움직이는 장난감을 준비하여 발에 묶어 준다.

5~6개월경이 되면 아기는 낯가림을 시작하고 혼자서 앉아 있을 수 있게 된다. 또 색깔에 대한 기호가 생기므로 빨강이나 주황, 노랑색 같은 원색 놀잇감을 손으로 잡을 수 있는 곳에 놓아둔다. 이때는 무엇이든지 입에 넣고 빨아 먹으려는 경향이 있는데 아기들은 눈으로 물건을 보는 것이 아니라 입으로 가져가 감각으로 물건을 파악하려는 시도이므로 비위생적이라고 너무 제지하지 않는 것이 좋다. 아기들에게 놀잇감을 줄 때는 의례히 빨아 먹어도 상관없는 재료들을 골라 준다. 여러 종류의 질감과 모양이 다른 장난감들을 흔들고 던지면서 충분히 탐색하도록 기회를 준다.

아기가 기어 다니기 시작하는 7~8개월경이 되면 집안의 모든 물건들을 탐색하면서 가지고 놀고 싶어 한다. 이 시기 아기들의 지적 욕구는 세계 최고의 학자들도 감히 따르지 못할 것이다. 이때는 물놀이를 준비할 수 있다. 목욕탕 욕조에 물을 받아 주거나 여름이면 야외에 욕조를 놓아 주고 집안의 재활용 도구들을 깨끗이 씻어 넣어 주면 아기들이 혼자서 이리 저리 물을 부어 보면서 재미있고 유익한 시간을 보낸다.

생후 9개월에서 돌이 될 때까지는 대상 영속성(물체가 시야에서 사라져도 여전히 존재하고 있음을 아는 것)이 생기기 시작하므로 아기가 보는 앞에서 물건을 숨기거나 까꿍 놀이, 숨바꼭질 놀이 등이 좋은 활동이다. 인형이나 여러 가지 크기의 공이나 풍선 등을 준비하여 놀아 준다.

돌이 지나 18개월이 되면 유아들이 마음대로 조작해볼 수 있는 쌓기 놀이나 레고 블록, 집짓기 놀이, 소꿉살림이나 작은 소품 인형들을 제공해 준다. 물놀이, 모래놀이, 지점토 놀이, 밀가루 놀이, 찰흙놀이 등과 같은 감각을 충족시키는 놀이들을 장려한다.

18개월 이후부터는 친구들과 보내는 시간을 만들어 주고 언어발달을 촉진할 수 있도록 쉬운 그림책을 읽어 주고 다양한 경험을 할 수 있는 기회를 많이 만들어 준다. 특별히 소근육을 발달시킬 수 있는 단추 끼우기나 운동화 끈 묶기, 구슬 꿰기, 젓가락질 하기 등의 활동들을 권장한다.

요즈음은 유아교육과 관련된 교구나 교재 및 놀잇감들이 상품화되어 있고 비싼 것들도 많이 팔리는 것으로 알고 있다. 또 영아기 때부터 영재교육이라는 명목 아래 한글과 영어를 그룹이나 개인으로 교습시키는 엄마들도 있는데 정말 중요한 것은 유아의 흥미와 관심이라는 것을 기억했으면 한다. 유아기는 스스로 세상을 알아가고 배우고자 하는 학업 성취도가 매우 높은 시기이므로 외부에서 조직적이고 구조화된 학습체제를 아기 때부터 제공하는 것은 아기 자신이 무엇인가를 이루어 보려는 시도와 기회를 차단한다는 점에서 바람직하지 못하다. 이러한 경험이 누적되면 유아는 스스로의 힘으로 문제를 해결하기 보다는 외부에 의존하는 타율적인 아이로 자라나게 되고 결국 스스로 인생을 주도해가는 자율적인 삶과는 거리가 멀어질 수 있다.

기억하세요

아기를 위한 훌륭한 놀잇감이란, 아기가 흥미를 느끼고 즐거운 가운데 지적 욕구를 충족시킬 수 있다면 무엇이든지 될 수 있습니다. 정형화되고 상품화된 놀잇감보다 생활에서 자연스럽게 접하게 되는 새로운 물건이나 직접 다루어 볼 풍부한 기회들이 유아를 능동적인 학습자로 만들어 준답니다.

2 장

미국에서 살아남기

자녀를 외국으로 조기유학 보내고 싶은 부모들이나 이민을 고려하고 있는 부모들에게 간접 체험의 도움이 되기를 바라는 마음에서 우리 가족들이 미국인 학교에 적응해가는 과정과 외국인으로서 겪었던 에피소드들을 소개하고자 한다.

격리불안에 걸린 아이

미국에 도착할 당시 아들아이는 두 돌을 갓 넘긴 아기였다. 나는 남편이 연수하는 2년 동안 박사과정을 끝마쳐야 했기에 시간이 매우 촉박했다. 우리가 살았던 곳은 미국 동부의 매릴랜드주로 미국의 수도인 워싱턴 DC로부터 조금 떨어진 외곽에 위치하고 있었다. 먼저 공부를 시작하기 위한 여러 준비과정의 하나로 내 차를 구입했고 학교 원서를 넣었고 아이를 유아원에 입학시켰다. 문제는 여기에서부터 발생했다. 아들아이는 아주 소심한 성격으로 엄마와 애착이 강하게 형성되어 엄마 이외의 다른 양육자를 한국에 있을 때부터 거부해 왔던 아이였다. 아이의 이런 독특한 인성을 고려하지 못한 채 학위취득에 대한 열망만으로 가득 차서 아이를 미국인 유아원에 입학시키고 말았다.

아이는 유아원에 내려놓을 때부터 울기 시작해서 미국인 교사가 안고 영어로 얘기하면 더 무서워 떨면서 자지러지게 울어댔다. 나는 차마 발길이 떨어지지 않았지만 오랜 시간 준비해 온 학위과정을 절대 포기할 수 없었기에 이를 악물고 돌아섰다. 이렇게 하면서 일주일이 흘러갔다. 드디어 신의 판결이 내려졌다. 아들아이는 유아원에 있는 일주일 내내 거의 쉬지 않고 울었기 때문에 교사는 "이렇게 처음부터 끝까지 울면서 적응하지 못하는 아이는 처음 보았다. 아직 아이가 준비가 안 된 것 같으니 내년에 다시 오라"는 것이었다. 아침에 데려다 줄 때부터 낯선 환경에 대한 공포로 우는 아이의 울음소리를 뒤로한 채 수업 끝나고 찾으러 갈 때까지 얼굴에 눈물자국이 남아있던 아이를 안고 같이 울면서 돌아왔다. 무엇을 위한 학업인가? 엄청난 갈등의 소용돌이 속에서 몇 년간 준비해 온 학위과정을 포기하고 수업만 듣기로 했다. 아들아이와 학위가 공존할 수 없다는 뼈저린 현실 앞에서 수년간 준비해 온 시험들은 한순간에 물거품이 되었고, 결국 아들과 학위를 바꾸기로 결심했다. 그때 만약 무리하게 학위과정을 계속 했더라면 아들아이는 어떻게 됐을까? 그때부터 한국에 돌아와서도 한참 동안 격리불안이라는 후유증에 시달린 아이를 생각하면 지금도 끔찍하다.

많은 부모들이 처음으로 유아원이라는 기관에 아이를 보낼 때

겪는 갈등에 대해 이야기하고 싶다. 유아들은 대부분 엄마 한 명과 애착이 형성되어 있으므로 낯선 사람을 두려워하여 격리 불안 증세를 나타낸다. 아기의 기질에 따라 다소 차이가 있지만 내성적이고 겁이 많은 유아들은 격리불안을 심하게 느낄 수 있으므로 유아원과 상의해서 처음 며칠간은 엄마가 함께 놀면서 새로운 환경에 적응할 수 있도록 시간을 주는 것이 바람직하다. 즉, 첫 날은 수업 처음부터 끝까지 유아와 함께 참여하고 그 다음 날은 1시간 정도 떨어지고 그 다음 날은 2시간 정도 떨어지고 점점 떨어지는 시간을 서서히 늘려가는 방법으로 유아가 낯선 시설에 적응할 때까지 기다려주는 배려가 필요하다.

이때 유아교육기관에서도 유아의 특성을 잘 파악하여 유동성 있는 적응기간을 허락해 주어야 한다. 어떤 아이는 하루 이틀 걸리지만 어떤 아이는 일주일이 넘게 걸리는 아이도 있다. 엄마는 헤어지기 전에 반드시 유아에게 다시 돌아온다는 점을 주지시켜 유아 스스로 마음속에서 떨어짐을 준비할 수 있도록 도와주고 유아 몰래 슬그머니 사라지는 방법은 유아에게 배신감과 불신감을 안겨주어 부정적인 결과를 초래할 수 있으므로 주의해야 한다.

아들아이와 함께 유아원에서 쫓겨 난 후 나는 몇 년을 준비해 온 박사 학위과정을 포기하였고, 거주지에서 가까운 Montgomery College에 입학하여 전공과목을 이수하면서 미국교육을 체험하는 것으로 만족해야 했다. 그것은 아마도 내 인생에서 가장 쓰라린 결정 중의 하나였지만 지금 아무 일 없이 건강하게 자라고 있는 아들아이를 바라볼 때 최선의 선택이었음을 믿어 의심치 않는다. 세상에서 어머니라는 이름과 바꿀 수 있는 어떤 학위도 없음을 확인하는 사건이었다.

문화충격의 악몽

나 자신의 학위를 위해, 아이들의 교육을 위해 야무진 꿈을 안고 도착한 미국이었지만 거기에는 또 다른 복병이 기다리고 있었다. 미국에 도착하여 우리집에 들어간 첫 날 밤을 영원히 잊을 수 없다. 우리는 운이 좋아 남편의 선배님이 한국에 들어오면서 남겨두신 살림살이들을 고스란히 물려받아 첫 날부터 모든 가정용품들을 두루 갖출 수 있게 되었다. 그 분들은 돌아가는 준비 때문에 바쁜 일정에도 불구하고 우리를 위해 남겨두는 살림살이 일체를 깨끗이 세척해주는 후배 사랑을 보여주셨다. 그 이후부터 나도 누군가에게 무엇인가를 물려줄 때 깨끗이 세척해주는 습관이 생겼다. 그러면 받는 사람 입장에서 무척 감사하고 기분이 더 좋기 때문이다. 이러한 선배님의 사랑 덕분에 동네 사람들의 부러움을 한 몸에 받으며 입성한 우리집은 아담한 2층 타운하우스였다.

우리 동네는 도시 한가운데 있으면서 숲이 우거지고 아름드리 나무가 곳곳에 서 있어 마당 사이로 다람쥐가 뛰놀고 가끔은 토끼도 지나가는 주거환경으로, 석양이 물드는 저물녘 하늘을 수놓는 새떼들의 비행시간이면 마치 천국에 온 것 같은 착각에 빠지곤 하였다. 나는 돈을 의미 있게 쓴다는 것과 아깝지 않게 쓴다는 것에 대해 많은 생각을 하며 살아 왔는데 그때 우리집을 위해 지불했던 값은 전혀 아깝지 않았었다.

미국 학교의 대부분은 스쿨버스가 다니지 않아 부모들이 학교까지 통학시키는 것이 일반적이지만 이곳의 학교는 스쿨버스를 운행하고 있어 편리했다. 미국의 학교 버스는 안전제일주의로 움

직이기 때문에 학교 버스가 한번 승차하는 주위에는 버스 뒤에서 따라오는 차는 물론 버스 맞은 편 도로에서 오던 차도 동시에 정차해 버스가 떠날 때까지 절대 움직일 수 없게 되어 있다. 이것은 학생들이 길을 건널 수도 있기 때문에 배려하는 장치였다. 학생들이 길을 건너는 일이 일어나지 않도록 버스의 승차 위치를 조정하여 줌에도 불구하고 만약의 상황까지도 고려하는 것이다. 우리나라에서 심심치 않게 일어나는 유아들의 버스 사고를 생각할 때 아이들의 안전을 가장 우선시하는 제도적 장치가 얼마나 시급한 것인지 정부가 알아주었으면 한다.

미국의 초등학교는 유치원부터 시작하는 K학년에서 6학년까지 수업 시작시간과 끝나는 시간이 동일하다. 그래서 유치원생이나 6학년생이나 똑같이 7시 30분 정도에 버스를 타고 갔다가 3시 30분 정도에 돌아오는 일정으로 움직인다.

딸아이는 영어가 준비되지 않았지만 학교는 외국인들을 위한 이솔 클래스를 따로 운영할 정도로 친절했다. 이 수업은 학교 수업을 따라가지 못하는 외국인들을 위해 특별히 마련된 어학 수업으로 읽기와 말하기를 중심으로 학생들이 적응할 기회를 넓혀 주는 시간이었다. 이솔 클래스 교사는 모국어 외에 외국어를 한두 개 이상 마스터한 교육경험이 풍부한 교사가 담당하고 있었다. 본인이 외국어를 배워 보았기에 외국어를 처음 시작하는 사람들의 고충을 이해하면서 선처할 수 있는 능력을 갖추고 있었다.

다행스럽게도 아들아이와 달리 사교적이고 외향적인 딸아이는 처음 며칠간 별말 없이 학교를 잘 다니는 듯 했다. 드디어 한 달쯤 지났을 때, 한 마디도 알아들을 수 없는 6시간의 수업에서 오는 언어쇼크를 감당하지 못해 악몽까지 꾸다 깨어났을 때 울며 하는 말 "엄마! 나 학교 안가면 안돼?" 아이의 고통을 이해하고도 남음이 있었다. 먼저 다녀온 사람들이 "처음 6개월이 고비니 그때까지만 꾹 참고 견디면 좋아질 것"이라는 충고를 가슴에 새기고 아이를 돕기 위한 입체작전에 돌입했다.

한식 프로젝트

먼저 딸아이의 학교생활을 도와주기 위해 담임선생님과의 상담에 주력했다. 아이가 불만사항을 다 적어주면 그것을 담임과 수시로 면담하면서 도움을 요청했는데 처음에는 편지지 하나 가득하던 불만이 점점 줄어들어 갔다.

다음 작전은, 1시간 정도 이 지구상에서 딸아이만 존재하는 것처럼 대우하기였다. 아이가 학교에서 돌아오면 무조건 하던 일손을 멈추고, 학교에서 일어났던 이야기들을 전존재로 들어주었다. 문제가 있으면 같이 의논해서 해결책을 찾고, "너는 해 낼 수 있어"라고 격려하면서 밖에서 일어났던 울분들을 풀게 하였고, 나에게는 모든 것을 알아주고 이해해줄 수 있는 엄마가 있다는 절대적인 안식처를 제공해주었다.

마지막으로는 도시락 싸주기였다. 학교에서는 식당에서 싼값으로 점심을 사먹는 것이 보통이었으나 아이가 미국음식이 식성에 맞지 않는다고 하기에 선생님께 양해를 구하고 한국음식을 싸주기 시작했다. 점심시간에 딸아이가 도시락을 꺼내면 냄새 때문에 주위 아이들이 다 도망가 버려 혼자 먹는다는 말을 들었을 때 가슴이 아프고 학교 아이들에게는 많이 미안했지만, 한식이라도 먹으면서 위안 받기를 바라는 모성애로 받아들여졌으면 했다. 그때 주로 했던 이야기가 "한국 사람이 한국 음식 먹는 게 왜 창피하니?" 그 애들 한국 음식의 진짜 맛을 몰라서 그러는 거야?였다.

한번은 딸아이가 먹고 있는 김치를 미국인 남자 아이가 놀리면서 "야키"라고 한 적이 있었던 모양이다. "야키"는 미국 아이들이 맛없는 음식을 가리킬 때 흔히 쓰는 말로 맛있는 음식일 때

는 "야미"를 쓴다. 이 장면을 지켜 본 담임선생님께서 남자 아이를 몹시 혼내면서 사과하게 하고 자신은 김치를 맛보기까지 했다고 한다.

김치는 가장 한국적인 음식으로 냄새 때문에 외국인들에게 혐오의 대상인 동시에 새로운 맛을 즐기는 모험가들에게는 독특함의 대상이기도 하다. 놀랍게도 김치에 맛 들여진 외국인들이 멀리 동양인들 시장까지 김치를 사러 오는 것을 볼 때 김치가 세계시장을 겨냥한 새로운 수출품이 될 가능성을 감지할 수 있었다.

이러한 입체작전은 성공을 거두어 딸아이는 서서히 적응해갔고 학업은 2학년이 되면서 약간 심도 깊은 수업으로 전개되었다. 예를 들면, 프로젝트 수업 같은 것으로 우리나라 초등학교 수업의 대부분이 교사 중심의 암기식이라면 이것은 학습자 중심의 자발적 탐구수업형태라 할 수 있다. 특히 기억에 남는 숙제는 특정 직업을 가진 사람을 조사해 오는 것이었는데 딸아이는 테니스 코치를 맡았다. 갑자기 테니스 코치를 어떻게 알아서 섭외할 것인가? 미국은 테니스 코트가 우리나라처럼 흙으로 된 곳은 없고 케미컬로 만들어져 동네마다 한 두 개씩 있고 코치 없이 동네 사람들끼리 서로 파트너가 되어 치고 있었다. 참 암담한 숙제였다. 생각 끝에 전화번호부를 뒤져 테니스 코트를 찾아냈다. 무조건 아무 테니스장에다 전화를 걸어 아이의 학교 숙제 때문에 코치와 인터뷰하고 싶다고 했더니 친절하게도 코치를 바꿔 주었고 코치는 생면부지의 사람에게 필요한 대답을 열심히 해주었다.

딸아이가 학교를 다니면서 적응해 가는 동안 엄마의 역할을 돌아볼 때, 언어에 제약을 받거나 적극적이고 즉각적인 도움을 줄 수 없는 엄마일 경우 아이 혼자 감당해야 할 몫은 너무나 커진다. “과연 정상적인 적응이 가능할까?” 의심스럽다. 마치 조기유학이 모든 교육문제의 궁극적인 해답인 것처럼 꿈꾸는 부모님들은 다시 한 번 심사숙고해 주시기 바란다. 내가 미국에 있을 당시 부모님과 같이 온 멀쩡한 아이들도 학교생활에 적응을 못해 자기 옷을 찢거나 악몽을 꾸면서 고통 받고 있었고 다른 사람들을 해치는 공격성까지 보여주었기 때문이다.

알파벳 첫 걸음

우리나라에서는 학교 입학 전 대부분의 아이들이 한글을 읽고 쓸 줄 아는 상태로 학교생활을 시작한다. 단지 한글을 아는 정도가 아니라 글짓기까지 하는 상당한 수준의 아이들도 있는 것으로 안다. 초등학교 시작부터 남들보다 앞서가고 싶은 학부모의 교육열 결과인 것 같다. 자녀를 대학까지 교육시켜 본 부모님들은 다 이해하시겠지만 초등학교 때 점수나 학업성취 결과는 중・고등부 성적과 연결되지 못할 때가 많다. 예를 들어, 내 동생은 집안의 장남이라 빨리 교육시키고 싶은 부모님의 기대 덕분에 초등학교를 7세에 입학하였다. 그 당시 초등학교 아이들은 같은 반이라 할지라도 나이가 많은 아이와 적은 아이가 거의 2

년 정도 차이가 나게 되었다. 어린 나이에 2년이나 큰애들과 경쟁하기에는 역부족일 수밖에 없었다. 해서 내 동생의 학교생활은 학습지진아의 생활 그 자체가 되고 말았다. 성적표에는 '양', '가'로 도배를 하고 생활기록부에는 "지각이 잦아서"라는 부정적인 담임선생님의 코멘트가 실리는 이변을 낳고 말았다. 시험 때는 공부하기가 싫어 책을 앞에 놓고 중얼중얼하면서 이상한 주문을 외우기까지 하였다. 그러던 아이가 중학교를 입학하자마자 마음을 잡는 듯 하더니 첫 시험에서 1등을 하고 말았다. 놀라운 변화였다. 공부의 필요성을 발견하고 스스로 동기화된 결과였다. 동생은 이후로 줄곧 좋은 성적을 유지하여 명문대 경영학과를 졸업하였다.

반면 나는 초등학교 때부터 모범생의 표상으로 '성적우수'와 '품행방정'은 성적표의 트레이드 마크였다. 초 · 중 · 고를 통하여 일관성 있게 좋은 성적을 유지해왔으나 고등학교 3학년이 되었을 때 갑자기 학업에 대한 회의가 몰려오면서 자만심까지 겹쳐 대학입시에서 완전히 실패하게 되었다. 학교생활을 통틀어 고등학교 3학년 때가 제일 낮은 성적을 기록하고 있다. 그래서 다시 한 번의 기회를 갖고자 재수를 선택했고 재수 기간 동안은 제정신을 차리고 열심히 한 결과 부모님이 원하는 학교를 장학생으로 입학할 수 있었다.

물론 처음부터 끝까지 열심히 공부하는 아이들도 있고, 초등학교 때부터 고등학교 때까지 줄곧 공부하기 싫어하는 아이들도 있다. 모든 아이들은 다 다르다. 부모가 된다는 것은 같은 자녀라 할지라도 아이 한 명 한 명에게 적합한 방법을 발견해야 하기 때문에 힘이 든다.

내 부모님들의 일류지향적인 생활방식은 우리 형제들에게 적잖은 부담을 주었고, 그것을 채워드리지 못할 때면 죄책감을 느끼곤 했다. 부모님들이 훌륭하다고 판단내린 삶을 살기 위해 노력했기 때문에 나 자신의 행복은 우선순위에서 밀려나 있었다. 내 삶을 돌이켜 보면서 나는 자녀들에게 최고가 되기 보다는 꼴지일지라도 스스로 행복을 느끼면서 살 수 있기를 바랐다. 이러한 가치관 덕분으로 우리 아이들은 어떤 강제적 학업이나 노동에 시달리지 않고 자유롭게 성장할 수 있었다. 그 결과 두 아이 다 학교에 입학할 당시부터 적응하는 것이 매우 힘들기는 했지만….

다행스러운 것은, 미국 학교 1학년은 우리나라 초등학교와는 달리 정말 처음부터 알파벳을 가르쳐 주었다. 미국의 유치원에서는 문자를 가르치지 않기 때문에 아이들은 초등학교 1학년이 될 때까지 글자를 깨치지 못하고 학교에 들어왔다. 아이들의 학업수준이 동일한 상태에서 시작하는 것이다. 학교에서는 매일 조금씩 문자 익히는 숙제를 내주어 엄마와 함께 집에서 즐겁게 하다보면 어느덧 영자를 깨칠 수 있게 되었다. 학교와 엄마와 아이가 3위 일체가 되어 무리하지 않는 자연스러운 학습이 이루어졌고,

효과도 만족스러웠다. 한국에서 한글을 깨친 것보다 미국에서 영어를 깨치는 작업이 훨씬 수월했음을 미루어 볼 때 학교교육의 중요성을 실감할 수 있었다.

우리나라 아이들은 초등학교 때부터 열심히 공부하느라고 거의 놀아보지도 못하고 대부분의 유년시절을 보냈는데도 왜 선진국보다 더 행복하지도 않고, 경제적으로 더 풍요롭지도 못하고 노벨상도 못 탈까? 한번쯤 의문을 제기해야 할 사항 같다.

내 짧은 생각으로는 이렇다. 선진국 사람들은 공부하고 싶은 사람만 공부하기 때문에 고등교육을 받는 사람들은 대부분 인생을 걸고 공부만 한다. 이것이 바로 우리 대학들이 세계 유수의 대학들과 경쟁에서 뒤지는 이유인 것 같다. 우리나라는 공부하기 싫은 사람이나 하고 싶은 사람이나 모두 대학을 나와야 사람 구실을 한다는 의식이 팽배해 억지로 하는 경향이 있다. 이렇게 되면 학습의 능률은 떨어지고 국력은 낭비다. 그리고 결과는 더욱 참담하다. 대학 졸업자가 너무 넘쳐 대학을 나온 사람도 집에서 살림을 하고 고등학교를 나온 사람도 집에서 살림을 하고 취업은 하늘의 별따기 만큼이나 힘들어졌다. 무엇을 위한 학업인가? 이 지경이 되면 사람들은 과연 행복할까? 생각을 바꾸지 않으면 세상은 바뀌지 않으리!

고마운 선생님

미국의 초등학교 제도(유치원을 포함해서)는 교사의 이동이 전혀 없다. 즉, 초등학교 1학년이 두 반 정도인데 1학년 교사는 계속 1학년만 담당하고 6학년 교사는 6학년만 담당한다. 좋은 점이 많은데, 첫째는 교사를 학생들이 예측할 수 있고 자신이 배정된 반의 담임교사가 특별히 맘에 안 든다든가 꼭 원하는 교사가 있으면 교장 선생님께 찾아가 부탁드리면 원하는 반에 배정해 주기도 한다. 교장 선생님은 항상 아이들이 필요로 하는 것이 무엇인지, 학부모의 요구사항이나 불만은 없는지에 관심이 많고 아침에는 일찍 출근해서 등교하는 학생들을 맞이하곤 했다.

우리 아이가 다니는 학교의 교장 선생님은 중년의 여자분이었는데 항상 웃는 얼굴과 친절한 태도로 그렇게 기품이 넘치는 교육자를 본 적이 없어 지금도 잊혀지지 않는다. 보통 미국 선생님들은 교수님들까지도 출근하면서 정장보다는 편안한 복장 차림이었는데 그 교장 선생님만은 언제나 정장이었기에 더욱 돋보였고 품위가 느껴졌다. 우리나라는 정장을 입지 않은 선생님들의 모습을 상상하기 힘든데 미국은 실용주의 가치관을 깊이 숭상하는 나라인지라 외형에는 별로 신경을 쓰지 않는 문화인 것 같았다. 특히 학부모들이 학교로부터 초청받는 '학부모의 날'이나 교사 면담 시에 우리나라 부모님들은 항상 정장을 하고 예의를 갖추는 편이지만 미국 학부모들은 그런 종류의 예의에는 관심이 없는 듯 했다. 이러한 점에서는 전통이 짧은 미국보다 예의를 중시해왔던 우리나라의 전통이 얼마나 더 아름답게 느껴지는지 모르겠다.

두 번째 좋은 점은 담임교사가 같은 학년만 담당하기 때문에 교육의 노하우가 생기고 일을 능률적으로 수행할 수 있다는 점이다. 우리나라 초등학교 선생님들은 1학년 맡았다가 4학년으로 심할 때는 6학년으로 올라가는 체제 속에서 움직인다. 물론 나름대로 이유가 있으리라 생각하지만, 학생을 위해서나 교육의 본질을 생각할 때 상당히 불합리하게 여겨진 것이 사실이다.

딸아이의 담임선생님은 중국계 미국인이었는데 특히 외국에서 학교를 처음 다니는 아이들이 적응하기 쉽도록 많은 배려를 해

주었다. 감사하게도 선생님은 딸아이가 한국에서 왔으므로 한국인 남자아이와 짝이 되도록 해주었다. 그러나 이것은 잘못된 만남이었다. 그 아이가 도움을 주기는 커녕 괴롭히기까지 하여 딸아이의 학교 수업은 악몽이 되어 버린 것이다. 하는 수 없이 엄마가 나서게 되는데…. 학교에 면담을 가서 “한국인 아이 말고 미국인 아이 중에서 친절한 아이로 짝을 맺어 주셨으면 좋겠어요” 라고 말하는데 얼굴이 화끈 달아올랐다. 먼 이국땅에 와서 동포끼리 서로 칭찬하고 도와주지는 못할망정 이렇게 안 좋은 감정을 가지고 멀어지게 해달라고 요청해야 하는 상황은 자괴감에 빠지게 만들었다. 그 이후 딸아이의 미국인 짝은 실질적으로 친절한 도움을 많이 주어 학교 적응의 일등공신이 되었다.

딸아이는 학교 수업시간 중에서 미술시간이 가장 즐거웠다는데 그것은 미술수업이 창의성을 길러주도록 진행되었기 때문인 것 같다. 한국에서 학교 다닐 때는 단 한 번도 딸아이의 미술작품이 전시된 적이 없었는데 이곳에 와서는 딸아이의 작품이 매번 맨 앞줄을 차지하곤 하였다. 역시 무한히 자유로운 정신으로 표현된 아이의 창의성을 이해할 줄 아는 예술시간이었던 것 같다.

담임선생님과 이솔 선생님, 엄마와 학교 짝의 총체적인 도움으로 아이는 무사히 학교생활에 적응하였고 수업시작한 지 6개월이 지나면서부터는 신나고 즐겁게 다닐 수 있게 되었다.

찬스에 강한 엄마 되기

평소에 살림을 충실히 하는 엄마들처럼 아이와 함께 많은 시간을 보내지 못하는 나는 항상 찬스에 강해야 한다는 전략을 갖고 있다. 전략인즉슨 무슨 무슨 날에 깜짝 놀랄만한 이벤트를 준비해서 아이들을 감동시키는 것이다. 미국에 와서 처음 맞이하는 딸아이의 생일잔치는 놓칠 수 없는 내 전략의 기회였다. 그래서 이번 잔치에 차리는 음식은 처음부터 끝까지 엄마가 정성껏 다 만들어 준다는 무리한 계획을 세웠다. 그때 차렸던 음식을 기억해보면 떡볶이, 치킨다리구이, 초코쿠키, 2단 생크림 케이크, 김밥 등등. 다른 것은 몰라도 생크림 케이크는 케이크를 구운 후에 생크림을 끼얹고 다시 온갖 종류의 과일로 장식을 해야 하기 때문에 노력과 시간이 많이 들었다. 드디어 잔칫상이 다 차려지고 초대한 친구들이 몰려왔다.

잔칫상 앞에서 주인공이 된 딸아이의 자긍심으로 가득 찬 표정은 지금도 눈에 선하다. 초대받은 아이 중 한 명이 했던 말은 나의 모든 수고와 피로를 보상하고도 남음이 있었다. "아줌마! 이렇게 맛있는 치킨은 세상에 태어나서 처음 먹어 봐요" 요리솜씨에 별로 자신이 없던 나였지만 아이들의 고백은 솔직하므로 사실로 믿어 의심치 않고 있다. 결국 잔치가 끝난 후 체력 소모가 너무 컸던 나머지 몸살이 나고 말았지만 특별하고 귀한 딸에 대한 엄마의 헌신을 아낌없이 보여줄 수 있어서 좋았다.

아이들을 키우면서 매순간 충실할 수 있다면 가장 이상적이겠지만 여러 가지 환경이나 상황들이 우리를 그렇게 하지 못하도록 만든다. 따라서 우리는 끊임없이 선택을 해야 하고 어떤 것이 더 중요하고 덜 중요한지 우선순위를 정해야 한다. 지혜롭다는 것은 본질을 직시하여 가장 중요한 것들을 먼저 해 나가는 능력이라고 생각한다. 일 때문에 나는 항상 시간적인 여유가 없었지만 아이들이 엄마를 진정으로 필요로 하는 순간에는 함께 있어 주려고 노력했다. 필요하다면 아이들을 위해 내 일을 포기하기도 했고 줄이기도 했고 미루기도 했다. 내 삶의 우선순위는 항상 아이들과 가정의 평화였다. 생활하면서 엄마의 이런 태도는 아이들에게 자연스럽게 전달되었고 우리 가족들은 엄마의 일을 긍정적으로 받아들일 수 있게 되었다.

결혼 후 여자들은 여러 부류의 아줌마들이 되는데 남편들이 혐오하는 유형은 다음과 같다고 한다. 먼저 직무유기형으로 집안 일에는 전혀 관심이 없을 뿐 아니라 아이도 돌보지 않고 손 하나 까딱하지 않는 아줌마, 두 번째는 왕비마마형으로 자신의 분수를 고려하지 않은 채 돈을 물 쓰듯 하면서 대접만 받으려는 아줌마, 세 번째는 자포자기형으로 자신의 외모나 자기개발에 완전히 신경을 꺼버린 아줌마들이라는 글을 읽은 적이 있다. 우리 같은 아줌마들에게 시사하는 바가 큰 것 같다.

주부가 된다는 것은 일하는 여성이나 집안 살림을 하는 여성에게나 공통되는 사항이다. 따라서 무엇을 하든지 자신의 전문성을 확보하는 것이 중요한 것 같다. 나 같은 경우는 집안 살림에는 취미가 없을 뿐 아니라 결정적으로 잘 하지를 못한다. 다른 아줌마들처럼 요리솜씨가 뛰어난 것도 아니고 손재주가 좋아 집안을 예쁘게 꾸미거나 치장을 하지도 못한다. 그래서 할 수 없이 잘 할 수 있는 것을 찾아 나서게 됐는데, 다행스럽게도 공부를 조금 잘했고(잘한다는 표현보다는 공부하는 것을 즐거워한다는 것이 더 옳겠지만) 가르치는 것을 잘 한다고 남들이 인정해주었다. 그래서 결국 이 길을 걷게 된 것이다. 하지만 살림에 프로정신을 가지고 임하는 전문주부들에 대해서는 감탄해마지 않는다. 정말 힘들고 가치 있는 일을 해내는 사람들이므로….

이상적인 엄마에 가까워진다는 것은 한 인간으로서 자신의 삶을 주체적으로 영위하는 동시에 주어진 역할에 충실할 때 가능해지는 것 같다. 즉, 한 인격체로서 자신의 성장을 멈추지 않고 치열하게 추구해 갈 때 좋은 엄마인 동시에 좋은 아내도 될 수 있으리라 믿는다. 이것을 위해 꼭 직업을 가져야 하거나 사회경력을 쌓을 필요는 없을 것이다. 무슨 일을 하는가보다는 어떤 자세로 하느냐 하는 프로정신이 중요하기 때문이다.

조기유학, 꼭 가야할까?

우리의 교육제도를 생각하면 이 땅에 살고 있는 부모들은 모두 가슴이 답답해 옴을 느낄 것이다. 그래서 이민을 생각하고 유학을 고민하다 무리가 되더라도 실천에 옮기는 부모가 늘고 있다. '기러기 아빠', '원정출산' 같은 세상 어디에도 찾아볼 수 없는 기이한 사회현상이 일어나고 있다. 이것도 경제능력이 있는 사람들에게 주어지는 선택의 여지라면 먹고 살기 힘든 사람들에게는 선택의 여지도 없기에 계층 간 위화감은 심화되고 있다.

조기유학을 생각하는 부모들은 아이들이 모국에 대한 정체성을 확립하지 못한 상태에서 외국의 문화와 생활을 접했을 때 일어날 가치관의 혼란과 언어쇼크를 먼저 고려해 주었으면 한다. 미국에서 태어난 교포 1.5세대들이 사춘기를 지나면서 자신의 뿌리를 찾아 한국에 역유학하는 이유를 한 번쯤 생각해야 할 것이다. 그들은 영어가 모국어지만 외모는 모국민이 될 수 없기에 오는 혼란 때문에 괴로워하고 자신이 결코 주류로서의 삶을 살아갈 수 없다는 자각에 부모의 나라를 찾아오는 것이다.

만약 한국에서 학업성적이 좋지 않아 노력해 봐야 명문대 갈 가망은 없고 해서 영어라도 배우라고 조기유학을 생각하는 부모가 있다면 이런 아이들은 대부분 십중팔구 유학생활에 실패자로 남게 됨을 알았으면 한다. 상식적으로 생각해 보아도 모국어 수업을 제대로 이해하지 못해 학업성취가 낮은 아이를 하루아침에 외국어로 진행하는 수업을 시킨다면 어떤 결과가 일어나겠는가? 이것은 요행을 바라는 도박행위이다. 이미 앞에서 밝힌 바와 같이 부모가 같이 살면서 언어의 제약 없이 도움을 주었을 경우에도 아이 혼자 학교에서 보내야 하는 시간과 교우관계 문제 때문에 힘이 많이 들었고 가족 모두가 엄청난 노력을 기울였다. 또 한국 유수의 엘리트들이 만반의 준비를 마치고 외국학교에 입학했을 때조차도 외국인으로서의 생활과 학업이 어려워 얼마나 처절하게 몸부림치는지 정녕 알아야 할 것이다.

이렇게 생각 없는 부모의 허영심에 떠밀려 온 아이들은 학교에서 왕따가 되고 자기들끼리 몰려다니면서 외롭고 정신적으로 힘들어 담배피우고 마약에 빠지는 일이 부지기수라면서 교포들이 나에게 특별히 부탁했다. “한국 돌아가면 제발 좀 조기유학 보내지 말라고 말려줘”, “아이들 불쌍해서 못 봐주겠어. 아이들 다 망가져.”

멀리 갈 것 없이 내 주위에도 조기유학 열풍에 휩쓸려 유학을 떠난 아이들이 몇 명 있지만 모두 실패하여 돌아왔고 떠나기 전보다 상태가 더 나빠진 경우가 많았다.

위의 이유라기보다 한국의 교육제도가 싫어서 떠나겠다는 사람은 외국의 교육제도가 자국민을 위해 이상적일지 몰라도 외국 유학생을 위해 준비되거나 공부하기에 적합한 제도가 아님을 알아야 할 것이다. 우리나라가 싫어서 떠날 수는 있지만 이민이 근본적인 해결책이 될 수는 없다고 본다. 외국에 가면 한국에서는 생각할 필요도 없던 또 다른 문제들이 우리를 괴롭힐 것이다. 왜냐하면 한국에서의 문제가 온전히 해결되면서 다른 문제는 전혀 없는 외국이란 세상에 존재하지 않기 때문이다. 언어의 제약, 인종차별, 문화차이, 음식, 가공할 보험료와 세금, 끝내 평등해질 수 없는 외모 등과 같은 본질적이지만 노력으로 극복할 수 없는 또 다른 문제에 끊임없이 직면하게 될 것이다.

3 장

학부모가 알아야 할 것들

자녀들이 학교 들어갈 나이가 되면 엄마들은 아이들의 학교생활 적응, 교우관계, 학업성취 등에 관심이 많아지고 학과목 성적 때문에 고민은 날로 쌓여간다. “어떤 학원을 보내야 하나?”, “무슨 공부를 시켜야 하나?”, “어떤 과외 선생님이 유능한가?”가 엄마들의 생활을 지배하는 학부모시기에 교육학에 기초한 자녀교육의 방향을 제시하면서 선배 학부모로서의 시행착오와 적응경험을 나누고자 한다.

한글 깨치기

교육학에서, 문자는 아이들이 만 5세를 전후하여 관심을 보일 때 통문자학습으로 깨칠 수 있다기에 편안하게 기다렸더니, 과연 그 시기가 되자 딸아이가 글씨를 물어보면서 관심을 갖기 시작했다. 나는 교과서의 방법대로 한글 깨치기를 시도했으나 아이의 글씨에 대한 관심은 문자를 터득하기도 전에 사라져 버렸다. 아이를 한 번도 학원에 보낸 적이 없었기 때문에, 속셈이나 한글학원은 엄두도 내지 못한 채, 내 힘으로 해결하기 위해 문자에 대한 관심을 지속시킬 여러 교육적 방법을 시도해 보았지만 뜻을 이루지 못했다.

선택의 여지없이 울며 겨자 먹기로 1학년이 두 달 앞으로 다

가온 겨울 방학 날 나는 일생일대의 중대한 결심을 하게 되는데, 딸아이를 속셈학원에 보내기로 한 것이다. 학원에서 열심히 노력한 결과 겨우 한글 읽기는 가능해 졌지만 쓸 줄은 모른 채로, 서울 강남 중에서도 서초동의 한 학교에 들어가게 되었다. 길고도 긴 지금까지도 해결책이 보이지 않는 고난의 시간이 그때부터 시작될 줄은 정말 예측하지 못했다.

학교에 들어가서 약 한 달 동안은 아무 문제도 없는 듯 했다. 이제 겨우 만 6돌 지난 아이가 학교라는 기관에 가서 4시간이라는 긴 시간을 마음대로 움직이지도 못하고 조용히 앉아 자기와 상관없는 지루한 수업을 거부하지 않고 들어주는 것만으로도 나는 감사하고 대견했다. 한 달 정도가 지나자 수업에서 받아쓰기가 문장으로 나오기 시작했고 딸아이의 점수는 항상 0~20점이었다. 당시 반 아이의 95%가 100점 아니면 90점이었을 것이다. 어쩔 수 없이 하루에 3시간씩 집에서 한글쓰기를 가르쳤다. 그때 문자로 인해 우리가 받은 스트레스는 지금도 잊지 못할 정도다. 우리나라 학교가 무엇을 하는 곳인지 회의가 들기 시작했다. 한글은 가르쳐 준 적이 없고, 수도 물론 가르쳐주지 않는다.

하루는 학교에 우연히 들렀는데 칠판에 "산수 pp. 11~15 풀 것"이라고 쓰여 있어 딸아이에게 물어 보았더니 산수는 매일 그렇게 하기 때문에 자기는 몰라서 풀 수가 없다는 것이었다. 그날부터 전 과목을 집에서 다 가르치다시피 하고 학교는 숙제검사

맡고 숙제 받으러 다녔다. 지금은 저학년에 시험이 없어졌지만 그때는 있어 시험을 한 번 보면, 한 반에 올 백이 여럿이고 대부분이 전 과목을 합쳐 5개 이내로 틀린다고 했다. 딸아이는 보통 한 과목에 5개 이내로 틀렸으니 아마도 전교에서 꼴찌였던 것 같다. 나는 딸아이의 시험문제를 들여다 보면서 "너 어떻게 이렇게 어려운 문제를 맞혔니? 엄마가 가르쳐 주지도 않았는데"하면서 신기해했다.

담임선생님과의 면담 도중 이 문제를 말했더니 자기도 이런 방식이 싫지만 어쩔 수 없다는 대답이 돌아왔다. 왜냐하면 98%의 아이들이 이미 완벽하게 한글을 익히고 들어오기 때문에 자기가 가르치려고 하면, "선생님 그거 다 알아요. 너무 지루해요" 산수도 마찬가지라고 답변했다. 그 당시 나는 눈 하나 달린 나라에 눈 두 개 달린 내가 바보 취급을 받으며 서 있는 것 같은 절망감을 느꼈었다.

아들아이의 한글 익히기도 나에게는 멀고 먼 여정이었다. 한국에 돌아왔을 때 아들아이는 만 네 돌이 막 지난 후였다. 한창 모국어를 배워야 할 언어의 결정적 시기(결정적 시기란 발달이 일어나야만 하는 최적기로, 이때 정상적인 발달이 이루어지지 못하면 이후에 회복이 불가능하거나 어려울 수 있다)에 미국 유아원을 다니고 영어권에 노출되어 있었기에 머릿속이 영어로 가득 차 있었다. 그래서 가르쳐 주지도 않은 영어 알파벳을 혼자 쓰면서 중얼

거리고 있는 아이를 한국에 데려와 갑자기 'ㄱ, ㄴ, ㄷ'을 가르치니 혼돈이 일어날 수밖에 없었다.

아이들은 학습을 하기 위해 '준비도'라는 것이 필요한데 이것은 학습할 능력을 갖추는 준비작업으로 이해할 수 있다. 자연히 준비된 아이가 준비되지 않은 아이보다 잘 할 수밖에 없다. 여기서 준비란 생활 속에서 자연히 이루어지는 개념으로 성인의 강압적이거나 의도적인 주입을 의미하는 것이 아님을 숙지해야 한다. 이러한 의미에서 아들아이는 영어에 대한 준비도가 이루어진 것이었지 한글에 대한 것이 아니었음에도 불구하고 딸아이 한글 때문에 혼줄이 났던 나는 한글공부를 억지로 시키게 되었다. 결과 아들아이는 한글이 외국어인 양 느껴지는지 초등학교 고학년까지 한글 철자를 틀릴 정도로 힘들어했다. 지금 돌이켜 보면 그때 왜 그렇게 조급하게 굴었는지 조금 느긋하게 아이가 모국어에 노출되면서 한글을 인식할 수 있는 시간을 기다려 줄 걸 하는 후회가 든다.

요즈음은 갓 돌이 지난 아기들에게 영재교육이라는 명목으로 한글을 가르치고 집안 여기저기에 한글이나 영어 단어를 붙여놓은 모습을 자주 본다. 엄마들의 상상을 초월하는 이 교육열은 어디에서 나오는 걸까? 유치원 때부터 열심히 공부해서 명문대 들어가면 과연 아이의 삶이 완성되는가?

고등학교 딸아이 수업시간에 선생님께서 "너희들 꿈이 무엇이냐"고 물어 본 적이 있단다. 대부분의 아이들이 무슨 무슨 대학 가는 것이라 해서 선생님께서 "대학 나와서는 뭘 할 건데" 재차 물으니 아이들이 "모르겠다"해서 딸아이가 충격을 받은 적이 있다. "엄마! 어떻게 고등학교까지 와서 자신의 인생 목표가 대학 들어가는 거야. 대학이 목표면 대학 들어간 다음에는 인생이 끝나는 거야. 대학은 꿈을 이루는 과정일 뿐이잖아! 이상해"

우리 주위에는 내로라하는 엘리트들이 많다. 나는 그들의 삶이 별로 성공적이라고 생각지도 않을 뿐 더러 공부 못한 사람들보다 유별난 삶을 영위하지도 않는다. 학교의 이름에 얽매이기보다는 일생을 통해 자신이 정말 하고 싶은 것을 하면서 세상에 쓰임 받을 수 있다면 행복한 삶이라는 생각이 든다. '행복'은 남들이 볼 때 아무리 남루하고 궁상스러울지라도 본인이 느끼는 지극히 내면적인 개념인데 왜 객관적 가치를 가지고 상대적 순위를 매기려 하는지 모르겠다.

기억하세요

학습을 위해서는 준비도(새로운 배움을 위해 가장 효과적으로 학습이 가능한 상태)가 필요합니다. 아동의 준비도를 고려하지 않고 주어지는 학습은 아이의 성장에 부담을 주고 발달을 저해할 수 있습니다. 아이가 조금 느리게 배우는 것 같아도 돌아가는 시간을 기다려주었으면 합니다. 긴 인생의 여정에서 어릴 때 돌아온 시간은 더 단단한 열매를 맺기 위해 반드시 필요한 작업이었다는 것을 이해할 날이 오니까요.

딸아이는 왕따

미국에서 돌아온 딸아이는 초등학교 3학년에 재학하게 되었다. 나는 한국에 돌아올 때 미국에서 옷을 여러 벌 사가지고 왔다. 한국보다 미국의 옷값이 월등히 저렴했기 때문에 알뜰 주부의 능력을 발휘해 본 것인데 이것이 딸아이를 왕따시키는 주범이 될 줄은 꿈에도 생각하지 못했다.

문제의 발단은 이렇다. 그 당시 딸아이는

주로 꽃무늬가 프린트된 옷에 쫄쫄이 바지를 입고 다녔는데 때로는 배꼽이 보이는 티셔츠도 입고 학교에 등교했다. 미국에서는 대부분 아이들의 옷차림이 이러했고 설령 이상하게 특이한 차림으로 온다 해도 아이들은 다른 아이의 옷차림에 거의 관심이 없다. 옷차림은 개인의 취향이지 판단의 대상이 아니므로 미국에서는 한여름에 밍크코트를 입고 다니는 사람이 있다손 치더라도 별로 쳐다보거나 이상하게 여기지 않는 무관심한 분위기다. 물론 추운 한겨울에 반바지를 입거나 반팔 티셔츠를 입은 사람들을 매우 흔하게 볼 수 있었지만 아무도 주목하지 않았다. 그 나라에서는 남과 다를 때에 별로 용기 같은 것은 필요치 않았다.

한국의 특수한 정서(다른 사람과 다르기 위해서는 매우 큰 용기가 필요한)를 잠시 깜박 잊은 채 아니 미국에 체류하는 동안 한국적 정서에 둔감해 진 나의 불감증 때문에, 모든 사람의 주의를 한 몸에 끄는 옷차림과 액세서리를 휘감고 등교했던 딸아이의 앞길이 순탄했을 리 없다. 더구나 교사의 수업내용을 거의 이해하지 못하는 덜떨어진 작은 여자아이가 만만할 수 밖에 없었다.

학교를 다닌 지 몇 주가 지난 어느 날, 누군가 반 여자아이들을 학교 건물 뒤쪽으로 불러 모았다고 한다. 아무 영문도 모르는 딸아이는 마음의 준비도 없이 갔다. 아이들이 자기를 둥그렇게 둘러싸고는 욕을 하면서(재수 없다고) 머리를 잡아당기고 옷을 당기는가 하면 심지어 때리는 아이도 있었다. 그런데 이 와중에 도와주는 아이는 한 명도 없었다고 했다.

그때 딸아이는 심하게 놀란 것 같았지만 나는 일부러 태연한 척 하려고 애썼다. 무척 심각한 일이었지만 일을 확대하지 않으려고 짐짓 별일 아닌 것처럼 지나가는 말로 해주었다. "그 애들네 옷이 예뻐서 샘이 나서 그래" 그리고 나서 머리를 싸매고 혼자 엄청나게 고민한 결과 그 아이들 모두에게 감사 표시를 하기로 했다. 작은 학용품들을 예쁘게 포장해서 아이들에게 나누어 주었다. "내가 미국에서 돌아온 지 얼마 안 되어서 학교생활을 잘 모르니까 너희들에게 부탁한다는 뜻으로 엄마가 준비해주셨어" 이후에 딸아이의 교우문제는 편안해졌고 친절하게도 아이들이 왜 따돌렸는지 원인까지 가르쳐 주었다.

이 사건을 겪으면서 스스로를 지키고 신체적 폭력으로부터 자신을 방어할 수 있는 능력을 길러 주기로 결심하고 딸아이에게 태권도 배울 것을 권유했다. 딸아이는 태권도에 매료되었고 남자들을 능가하겠다는 열정으로 도장에서 살다시피 하여 공인 2단 자격증을 땄다. 지금은 검도로 바꾸어 열심히 하고 있다. 이제는 어디를 가나 안심이 된다.

기억하세요

'왕따'는 날로 심각한 사회문제가 되고 있습니다. 다른 사람을 경쟁상대로만 인식하여 적개심(너를 이겨야 내가 산다) 속에서 자라난 아이들은 더불어 살아가는 공동체의 원리와 기쁨을 알지 못하게 되었습니다. 그래서 자신이 드러나지 않고 이루어지는 무엇인가를 견디지 못하고 협동해서 어떤 것을 만들어 내는 데 어려움이 많습니다. 각자 개인은 너무 잘났지만 약하고 부족한 것을 받아들이는 여유는 없습니다. 진정한 힘이란 약한 자를 수용할 수 있는 너그러움이라는 것을 어릴 때부터 가르쳐 준다면 '왕따' 같은 것으로 고민하는 엄마는 없어지겠지요.

영어공부의 지름길

딸아이가 초등학교를 다니던 당시에는 초등학교 과정에 영어가 도입되지 않아 딸아이의 영어능력은 점점 떨어지고 있었다. 지금은 영어를 가르치는 것이 보편화되어 좋은 영어학원이 많이 생겼지만 그때는 마음에 드는 영어학원을 찾기가 어려웠으므로 하는 수 없이 원어민에게 개인교습을 시키기로 했다. 문제는 원어민 선생님들이 관광비자로 잠시 들어온 사람이거나 학원의 초빙강사들로 가르칠 수 있는 기간이 짧아 보통 두 달 내지 석 달이고 길어도 6개월이 지나면 고국으로 돌아가 버리는 것이었다. 선생님을 구하기가 어려워서 한번은 레스토랑에서 식사하고 있는 외국인이 있길래 다가가서 "혹시, 영어레슨에 관심이 있냐"고 물었더니 자기는 "외국인 회사에 직원으로 파견 나와 있고 가르치는 것에는 관심이 없다"고 했다. 나는 약간 머쓱해져서 이런 방법으로 교사를 구하는 것에 한계를 느끼고 다른 방법을 찾아보기로 했다.

요즈음 온 나라를 휩쓸고 있는 조기 영어열풍에 대해 생각해 보려고 한다. 어릴 때부터 영어를 시작하는 것이 좋은가? 아닌가? 만약 영어교육을 시작해야 한다면 몇 살 때부터 시켜야 하나? 어떻게 가르쳐야 하나? 많은 엄마들의 의문사항이다.

영아들은 태어날 때부터 세상의 모든 언어를 습득할 수 있는 선천적 언어 습득기제(LAD : Language Acquisition Device)를 갖고 태어난다. 즉, 아기는 지구상에 존재하는 모든 나라의 언어를 학습할 수 있는 능력을 타고 나는데 안타깝게도 성장하면서 가장 많이 접촉하는 모국어로 능력이 집중되어 버린다. 만약 모국어가 두 개거나 세 개인 경우는 동시에 습득이 가능하다. 외국어 학습에 고통을 당하는 혹자는 단일 언어를 사용하는 우리나라를 원망할 수도 있겠지만 복수 언어를 사용하는 국가의 아기들은 단일 언어를 사용하는 국가의 아기들보다 언어 스트레스를 많이 받는다는 연구결과가 나와 있다. 따라서 세상에 거저 얻어지는 것은 없다.

단일 언어국가인 우리나라의 상황을 고려해 볼 때 어릴 때는 우선적으로 모국어 습득에 충실해야겠다. 모국어 습득이 정착된 후에 외국어를 접하는 것이 바람직할 것 같다. 가장 이상적인 언어학습이란 어릴수록 유리하지만 자연스러운 몇 개 국어에 동시에 노출되는 것이 불가능한 우리나라 상황에서는 언어학습을 촉진하는 두뇌의 형성시기인 만 6~7세를 전후해서 시작하는 것이 좋을 것 같다. 무엇을 하든지 유아들이 부담을 느끼거나 흥미를 잃는다면 학습의 의미가 상실되므로 영어를 가르치되 즐겁게 놀면서 익힐 수 있도록 교수방법을 선택해야 할 것이다.

아이들의 영어교육과 영어 개인교습을 통해 습득한 나의 임상경험을 종합해보면, 어릴 때 영어교육은 말하기를 중심으로 시작하다가 서서히 문자교육으로 다가가 읽기와 쓰기를 병행하는 것이 효과적인 것 같다. 이때 교재로는 재미있는 영어동화책을 권하고 싶다. 특히 미국인 박사가 쓴 닥터 수 시리즈는 쉬운 영어문장이 반복해서 나오므로 처음 영어를 접하는 아이들에게 효과적일 것 같다.

만약 여건이 허락되지 않아서 일찍부터 영어를 시작하지 못한 어머니들께서도 너무 실망할 필요는 없다. 이제는 모든 아이들이 영어를 열심히 하기 때문에 영어 잘하는 것 가지고는 차별화되지 않는다. 즉, 영어 잘하는 것이 기본이 되는 세상이 올 것이므로 다른 언어능력을 갖추어야 더 쓰임을 받을 수도 있다. 모든 사람들이 양파를 심어 양파 값이 폭락하면 다음 해는 아무도 양파를 심지 않고 다른 농작물을 심는다. 그때가 바로 양파를 또 심어야 할 때라는 것이다. 우리나라는 경쟁이 치열한 사회이므로 남이 하지 않는 틈새시장을 노려야 성공할 수 있으므로 항상 다르게 생각하는 사고방식이 중요하다.

정히 영어를 잘하는 아이로 만들고 싶은 부모는 한국에서 밑 빠진 독에 물붓기식 사교육비를 모두 모아 두었다가 1년 정도 외국으로 어학연수를 보내는 것도 빠르고 효율적인 방법일 것이다.

기억하세요

언어는 학문이 아니며 인생의 목표는 더더욱 될 수 없습니다. 단지 넓은 세계를 향해 나가기 위한 도구일 뿐입니다. 세계 속에서 자신의 의사를 표현하기 위한 수단에 불과한 영어에 올인하느라 유창하게 말은 할 수 있게 되었지만 무엇을 말해야 하는지는 전혀 모르는 상태가 되어버렸습니다. 농부가 농기구 준비하느라 정신이 팔려 자기가 무슨 농작물을 심어야 하는지 까맣게 잊고 있는 심산이 된 것이지요. 수단이 목적을 지배하고 도치된 상태! 이것부터 바로잡아야 하지 않을까요?

“학교 끊어줘”

모국어에 대한 ‘준비도’가 부족했던 아들아이에게 한글을 가르친다는 것부터가 무리였는데 이 아이가 학교를 가게 되었다. 유치원 과정은 자유로운 수업방식으로 적응하기 쉬운 편이었으나 학교수업은 보통일이 아니었다. 담임선생님은 연세가 좀 지긋한 분으로 수용수준이 높은 편이 아니었다.

우리나라 1학년 수업의 준비물이 얼마나 많은지는 1학년 학부모가 되어 본 사람만이 알 수 있다. 가히 세계적이라 할 수 있다. 미국 초등학교는 교과서가 없는 것이 특징이었는데 우리네 학교는 가르쳐야 할 내용이 왜 그렇게 많은지 교과서는 물론이고 매일 매일 하루도 빠짐없이 준비해야 되는 준비물의 종류와 양은 놀라운 뿐이다. 집에서 잘 도와줄 수 있는 엄마를 가진 아이들은 별 무리가 없겠지만 만약 직장을 가진 엄마라면 그 많은 종류의 각 과목 준비물들을 무슨 수로 다 챙겨줄 수 있을까? 아무 잘못도 없는 어린 것들이 준비물을 챙기지 못했다는 이유로 정상수업에 참여하지 못하고 선생님의 따가운 눈총 아래 학업을 감당해야만 하는 제도권이다.

다른 초등학교의 1학년 청소와 급식은 어떻게 운영되는지 잘 모르겠지만 아들아이의 학교는 반 엄마들이 조를 만들어서 매일 급식당번과 교실청소를 해야 했다. 담임선생님께서 학기 초에 당번표를 만들어주면 그 날짜에 학교에 가서 급식당번을 하고 청소도 했다. 자신의 아이가 다니는 학교에 가서 부모가 봉사하는 것은 당연하고 자연스러운 것이라 생각한다. 하지만 이런 것들이 상호적인 의사소통 없이 일방적으로 수행되도록 강요받는다면 유쾌한 일이 아니다. 내 경우는 청소시간이 수업시간과 겹쳐 부득이 가지 못할 때는 도우미 아줌마를 보낸 적도 있다.

특히 내가 가장 의아했던 것은 학부모들의 태도였다. 아이가 유치원을 다닐 때는 유치원 행사에 찾아오지도 않고 교사에게 인사 한 번 없던 엄마들도 학교의 학부모가 되면 당연하다는 듯이 열심히 청소해 주고 밥도 나르면서 불평 한 마디 없이 선생님을 섬기는 것이었다. 내가 유아교육을 전공했다고 유치원 교사들 편에서 이야기하려는 것이 아니라 공평성의 원리에 어긋나는 처

사라는 것이다. 아이의 교육을 책임지는 교사는 지위에 경중이 있을 수 없거늘….

1학년 아이들이 급식할 능력이 없으면 고학년 형들이 와서 도와주면 될 것이고 청소도 교사의 감독하에 아이들 스스로 하는 것이 좋을 것 같다. 아이들이 평소 집에서 청소 같은 것은 안 하고 살기 때문에 학교에서 해보는 것이야말로 교육적이 일 아닌가. 청소의 경험을 통해 스스로 깨끗이 해야 한다는 의지도 더 생길 것 같은데 굳이 엄마들이 가서 다 해주어야 하는지 모르겠다(지금은 달라졌다고 들었다).

이런 유난스러운 1학년을 교육학적인 삶의 방식을 고수하는 엄마와 그의 아들이 잘 적응했을 리 만무하다. 아들아이는 매일 아침 학교 가기 싫다고 우는 것으로 하루를 시작했다. 그래도 가야 한다고 했더니 "엄마! 나 학교 끊어줘!" 자기가 지금까지 원해서 다니던 학원을 싫으면 끊고 안 다닌 경험으로 한 말이었다. 한마디로 학원과 학교의 차이를 전혀 인식하지 못하고 있었다. 학교에 가면 수업시간에 가만히 앉아 있어야 하는 것은 기본이고 쉬는 시간도 맘대로 움직이지 못하고 화장실 가려면 선생님께 허락을 받아야 한다는 것이었다. 아이의 말을

온전히 다 믿을 수는 없겠지만, 선생님께서는 어리디 어린 1학년 아이들을 붙잡고 무엇을 그리 많이 가르쳐주고 싶으셨는지 모르겠다.

기억하세요

아이가 학교생활에 잘 적응하지 못하거나 학교에 가기 싫어하는 경우에 무조건 가야 한다고 윽박지르거나 안가면 뭐 안 해 준다는 식으로 협박하지 말고 먼저 아이의 이야기를 진지하게 들어주시기 바랍니다. 그리고 아이의 입장이 되어 생각해 보시면 수긍이 가는 부분이 많이 있을 것입니다. 그 이해를 바탕으로 차분히 학교는 왜 가야하고 공부를 하지 않으면 어떻게 되는지 설명해 주면 좋을 것 같습니다. 물론 학교를 왜 가야하는지 부모님부터 아셔야 되겠지만요.

과잉보호가 아이를 망친다

"넘치는 것은 모자라는 것만 같지 못하다(過猶不及, 과유불급)" 과잉이라는 것은 모자라는 것보다 못한 것이다.

나는 아이들 두 명을 우리나라 교육의 일번지라는 강남에서 키웠는데 학문은 실천이 중요하다는 신념 아래 교육학적인 원리에 입각해 가르치고자 했다. 따라서 다른 엄마들이 한글 공부시킬 때 자유롭게 놀게 했고, 미술학원 다닐 때 집에서 마음대로 그릴 수 있는 종이를 더 많이 준비해 주었고 영어 공부시킬 때 내가 영어동화를 손수 들려주었다. 앞에서도 언급했지만 모두가 선행학습을 열심히 하는데 우리 아이들 혼자만 놀다보니 나중에는 놀이터를 가도 놀 또래친구가 없고 집으로 찾아가면 그 아이들 공부에 방해가 되는 실정이었다. 인생은 마라톤이거늘 왜 그렇게 어릴 때부터 진을 빼면서 사는지 모르겠다. 달려가야 할 길이 멀고도 먼 길인데 처음부터 빨리 달리면 나중에 분명히 탈진하고 말 것을….

강남의 엄마들이 아이를 기르는 두드러진 특징 중의 하나가 과잉보호인데 이것은 강남의 교통이 출퇴근시간 따로 없이 혼잡한 이유와 무관하지 않다. 극성 엄마들의 아이 '학원 태워다 주기'가 주범이다. 학원뿐만 아니라 학교도 물론 등하교시키고 어디를 가든지 차를 타고 간다. 걸어서 가면 큰일 나는 사람들 같다. 컴퓨터의 보편화와 놀이문화의 변화로 운동량은 점점 줄어들고 아이들은 나날이 비만해 지는데 조금도 걷지를 않는다. 아들아이가 한문학원을 다닌 적이 있는데 집에서 걸어서 25분 거리여서 왕복 50분을 일주일에 3번 걸어서 다닌 적이 있었다. 학원 선생님은 이렇게 멀리서 걸어오는 학생은 본 적이 없다고 몹시 놀라워 하셨다. 세상에 이게 놀랄 일인가? 지금까지 그만한 거리는 엄마들이 차를 태워다 주는 것이 상식이었다나.

한번은 아들아이가 4학년 때 혼자 버스를 타고 어디를 갔다 오다가 잘못해서 우리집을 지나쳐 버스종점까지 갔다 온 적이 있었다. 아이가 올 시간이 한참 지났는데도 오지 않아 걱정하고 있는데 들어왔다. 어찌된 영문인지 물었더니 불친절한 버스아저씨의 무관심으로 우리집을 지나쳤는데(다음 정거장에서 내려 걸어

왔으면 되었을 걸) 아저씨가 앉아 있으면 다시 돌아간다고 해서 그냥 종점까지 달려 갔다가 2시간 만에 돌아왔다. 기가 막히고 버스회사에 전화라도 해서 분을 풀까 했지만 '좋은 경험했다'고 생각을 바꾸기로 했다. 아이도 차후 이런 실수는 다시 하지 않을 테니까. 실수를 통해 확실하게 배울 수 있었으므로. 아이가 인생을 살면서 밑거름이 될 만한 진짜 교육은 시행착오를 통해 스스로 터득한 지식들이라 생각한다. 지식의 가치는 실생활 속에서 경험을 통해 재구성되었을 때 진정으로 빛을 발하는 법이다.

강남 엄마들의 또 다른 특징은 아이가 캠프를 떠나 엄마 곁에 없을 때 적나라하게 드러난다. 아이에게 핸드폰을 쥐어주고 수시로 상황을 체크하지 않으면 불안하고 걱정이 되어 견디지를 못한다. 이것이 여의치 않으면 선생님 핸드폰에 불이 난다. 선생님을 믿고 맡겼으면 아이가 돌아올 때까지 느긋하게 기다리면 될 것을 매사에 궁금해 하고 근심스러워 한다. 아이들은 자기들끼리 오랜만에 오붓하고 자유로운 시간을 만끽하면서 한 없이 즐거워하고 있는데도 말이다. 사실 조금 못 먹으면 어떻고 잠을 좀 못 자면 어떻고 좀 못 씻으면 어떤가? 이런들 생명에는 하등의 지장이 없으니 나름대로 필요한 도전의 기회로 인식했으면 한다. 아이들이 새로워질 기회를 주자.

기억하세요

과잉보호 속에서 자라난 아이들은 스스로를 책임질 줄 모르고 언제나 남에게 의존하여 모든 것을 해결하려고 합니다. 이런 아이들은 자신이 내린 결정에는 책임이 따른다는 것을 배우지 못했기 때문에 매사에 책임감이 부족하고 일을 깔끔하게 마무리하는 능력이 떨어지는 편입니다. 아이를 위하는 참된 길은 어려움을 극복하고 헤쳐 나갈 수 있는 강인함을 길러주는 것 아닐까요.

선생님! 예뻐해 주세요

아들아이의 1학년 생활은 참 험하고 먼 길이었다. 유치원 다닐 때는 좀 산만한 아이들도 교육과정이 타이트하지 않기 때문에 별문제가 없고 또 운이 좋아 수용수준이 높은 선생님을 만나면 창의적인 아이라는 말까지 듣게 된다. 아들아이는 유치원 다닐 때 잠시 집중하는 이야기나누기 시간조차 떠들거나 딴전을 피우기 일쑤였으니 학교수업시간 내내 집중을 요구하는 선생님을 만났을 때는 보통 심각한 상황이 아닌 것이다.

이 글이 지금까지 현장에서 이름 없이 빛 없이 헌신해 오신 많은 초등학교 선생님들에게 부디 누가 되지 않기를 바란다.

아들아이의 학업에 대한 고전은 엄마의 눈물겨운 관심과 처방에도 별 효력 없이 점점 심해져 갔다. 하루는 학교를 갔다 와서 몹시 머리가 아프다고 했다. 평소에 딸아이와 달리 아들아이는 말이 없고 학교생활에 대해서도 자신이 필요하다고 생각하는 것이 아니면 절대 입을 열지 않는, 좋게 말하면 과묵하고 나쁘게 말하면 답답해서 속이 터지는 성격의 소유자다. 그래서 학교에서 무슨 일이 있었느냐고 조심스럽게 물어보았다. 꼬치꼬치 캐물으면 더 역효과가 나서, "네가 말하지 않으면 엄마가 몰라서 도와줄 수가 없지 않니!"라는 협박 섞인 애원투로.

아이의 말인즉, 담임선생님은 떠들거나 말을 안 듣는 아이들은 손으로 머리를 때리거나 얼굴을 때리는데 자기는 선생님이 반지를 낀 손으로 때렸기 때문에 맞을 때 너무 아팠고 지금도 아프다는 것이었다. 유치원에서 아이들을 가르쳐 보아 잘 아는 나이기에 아들아이가 얼마나 말을 안 듣고 속이 상했으면 선생님께서 그렇게 하셨을까 한 편으로 수긍이 가지만 과연 그 방법밖에 없었을까? 혹시 그것은 선생님이 선택할 수 있었던 너무 쉬운 방법은 아니었을까? 참으로 안타까웠다.

"선생님께 너만 매를 많이 맞느냐"고 물었더니 "우리 반 아이들 대부분 매일 맞아!", "그럼 선생님이 예뻐하시는 아이도 있니?" "응, ○○야", 아마도 임원을 맡은 모범적인 여자아이인 것 같았다. 그 당시 학교는 열린 교육을 표방하면서 학교 책상과 의자 배치를 마주보게 하고 교육과정을 탐구형식으로 바꾸느라 열심이었는데 선생님들의 마음은 전혀 열리지 않은 듯 했다. 열린 교육은 책상배열만 열린다고 이루어지는 것이 아니라 교육의 주체인 교사와 학생이 열려야 한다는 것을 깨달았으면 한다.

아들아이는 힘겨운 학교 적응기간을 거쳐 6학년이 되었다. 학부모 입장에서는 학교나 선생님들께 불만이 많겠지만 선생님들 입장에 서면 상식적이지 않은 학부모는 또 얼마나 많겠는가? 6학년 담임선생님은 진정한 교육자라는 부름이 저절로 나오는 분이었다. 수업내용을 철저히 가르쳐 주었을 뿐 아니라 인성교육도 소홀히 하지 않고 아이들 한 명 한 명을 소중히 여기는 공평한 사랑을 주었다. 이렇게 하면 몇몇 엄마들에게는 매우 불평스러운 일이 된다. 왜냐하면 자기 자식만 특별대우를 받고 선생님 사랑을 독차지해야 되는데 그게 가능하지 못하므로 분개하게 된다. 그래서 교장 선생님께 전화를 걸어 선생님 험담을 하고 숙제를 많이 내준다고 불평하는 일이 일어났다. 교육철학을 가지고 소신있게 실천해 가는 선생님께 박수를 보내지는 못할망정 돌을 던지는 학부모들, 왜곡된 자식사랑의 현주소인 것이다. 나는 교사가 자신의 수업방식을 끝까지 고수하지 못하는 것을 보고 마음 아파하면서 장문의 편지로 격려하는 것 밖에 할 수 없었다.

기억하세요

아이가 학교를 다니기 시작하면 부모님들이 주의하셔야 할 사항 중의 하나가 선생님에 대한 언급입니다. 아이가 듣는 앞에서 노골적으로 선생님을 무시하거나 부정적인 언어를 계속 사용하면 선생님에 대한 존경이 사라지게 됩니다. 선생님을 존경하고 신뢰하지 못하게 되면 교육의 권위가 떨어지고 아이의 학교생활은 무기력해지겠지요. 결과적으로 자녀에게 손해만 끼칠 뿐 유익이 없습니다. 반면 부모님께서 선생님에 대한 신뢰와 존경의 언어를 사용하고 일관되게 지지를 보내주신다면 아이도 선생님을 잘 따르고 학교생활은 훨씬 즐거워질 것입니다.

우리 아이는 병아리 박사

딸아이가 5학년이던 어느 날 병아리 두 마리를 사왔다. 그것도 암수로 짝을 지어서 아이는 병아리의 건강상태, 먹이, 암수 구별법, 돌보기 등등의 지식이 수준급이었다. 그런 것들을 어디서 알게 되었느냐고 물었더니 학교 실과시간에 배웠다고 했다. 병아리에 대한 관심이 딸아이를 병아리 박사로 만들어 주었던 것이다. 관심과 흥미는 가장 훌륭한 교사임을 다시 한 번 확인하였다.

집에 도착한 병아리는 울기 시작해서 하루 종일 그치지 않고 울더니 저녁이 되어서야 겨우 잠들어 조용해졌는데 나중에 알고 보니 춥고 배고픈 것이 원인이었다. 겨우 병아리 두 마리의 거처를 마련해주고 울음소리를 간신히 참으며 하루를 보냈는데 다음 날 아이는 거금을 주고 오리 두 마리를 또 사왔다.

나는 동물 키우기를 즐거워하지 않는, 아니 싫어하는 사람이었는데 아이들을 키우면서 교육이라는 미명으로 안 키워본 것이 없다. 거북이, 금붕어는 기본이고 햄스터, 송충이에 이르기까지…. 이번에는 병아리에다 오리까지 그것도 한꺼번에 네 마리씩이나! 아파트라는 구조가 우리들만으로도 복잡한데 동물들까지 같이 사는 것은 상당한 무리가 따른다. 백 번 양보해서 공간은 마련되었다 해도 지독한 냄새는 감당할 길이 없다.

처음 사온 병아리 두 마리와 약간 큰 오리 두 마리가 사과상자 안에 부글부글 돌아다니고 있는 가운데 딸아이의 말 "이제 병아리가 죽어도 오리가 있어서 괜찮아. 파는 아줌마가 오리는 튼튼해서 잘 산다고 했어 그래서 오리는 비싼 거야" 순간 나는 생명경시현상과 더불어 배금주의에 할 말을 잃고 말았다.

나의 어린 시절을 돌아보건데 병아리를 집에 갖고 오면, 빠르면 하루, 오래가야 3~4일 만에 죽었던 기억이 생생하여 이 병아리도 오래 살지 못하리라 예상하면서 며칠 고생하면 애들도 포기하겠거니 생각했다. 그런데 죽지 않고 잘 큰다는 오리까지 사왔으니, 더구나 오리는 몸집도 크고 먹이도 많이 먹는 것이 튼튼

해 보여 오래오래 살 것 같았다.

나는 동물들 냄새가 코를 찌르는 가운데 조용히 말했다. “오리나 병아리 중 하나만 선택하고 나머지는 돌려 주어라. 아주머니께서 돈을 돌려주지 않으신다 해도 돌려주도록 해라. 되도록이면 병아리보다 오리를 돌려주는 것이 어떻겠니? 오리는 누가 키워도 잘 살 수 있지만 병아리는 너희들처럼 많이 사랑해줄 수 있는 사람이 키웠으면 좋겠구나” 아이들은 오리를 돌려주었고 돈도 돌려받았지만 이 사건은 생명에 대한 함축적인 의미를 깊이 내포하고 있었다.

요즈음 아이들은 생명을 귀하게 여기는 ‘생명존중’보다는 돈으로 사고 팔 수 있는 물질과 동일한 것으로 혼돈하고 있는 것 같다. 길거리를 지나다 귀여운 금붕어가 있으면 산 다음 기르면서 돌보아주기보다는 아무데나 팽개쳐 두고 어떤 아이들은 연필로 찌르면서 괴롭히기도 한다. 병아리도 귀여워서 사지만 집에 가지고 오는 사이에 주물럭거리다 죽이는 아이도 있다. 마치 장난감을 가지고 놀다가 망가뜨리는 것처럼. 이 아이들에게 생명의 존엄성을 어떻게 가르칠까? 먼저 경제적 이익을 위해 생명을 상품화하는 어른들부터 반성해야겠지만 엄마들이 집에서 ‘살아 있는 모든 것에 대해 존중하는 태도’를 보여 줌으로써 가능할 수 있을 것 같다. 멀리 갈 것 없이 가까이에서 도움을 주시는 아줌마들에게 실천해보자.

어떤 집은 도우미 아줌마를 무시해서 아이들이 발로 차고 욕을 하거나 반말을 쓰면서 모욕한다는 말을 들었다. 그래도 아줌마가 그 집을 다니는 이유는 돈을 많이 주기 때문이라고 한다. 이 집의 엄마는 생명존중은 보여 준 적이 없고 아줌마가 없을 때 주로 아줌마를 업신여기는 언행을 보여주었기 때문에 아이들이 그런 교육을 자동으로 받게 된 것이다. 우리집은 아이들이 어릴 때부터 도우미 아줌마가 정기적으로 오셨기 때문에 항상 강조했던 것이 "아줌마가 도와주시기 때문에 우리가 이렇게 편하게 살 수 있는 거야. 만약 아줌마가 안 오시면 이 힘든 집안일을 누가 다 하니? 우리는 매우 감사하게 생각하고 아줌마를 위해주어야 한다"였다.

우리집에서 크던 병아리들은 주인의 지극한 보살핌(남편이 주로 청소하면서 헌신함) 덕분에 한 마리는 어릴 때 죽었지만 나머지 한 마리는 닭이 될 때까지 동고동락하였다.

기억하세요

"'세상에 살아 있는 모든 것은 존엄하다'는 생명존중사상을 어떻게 가르치고 실천해나갈 수 있을까?" 이 시대 부모님들이 깊이 고민해야 할 부분인 것 같습니다. 첨단과학과 물질만능의 소용돌이 속에서 돈이면 무엇이든지 해결될 수 있다는 천박한 자본주의에 잠식당한 우리 아이들에게 이 생명관을 올바로 정립시켜 주어야겠는데요. 자기 자신뿐 아니라 다른 사람도 소중히 여기고 잘 돌볼 수 있는 마음이 진짜 풍요로운 세상을 만드는 지름길임을 알게 하면 어떨까요?

창의성이 세상을 지배한다

현대는 창의성을 중시하는 사회가 되었는데 과연 창의성이란 무엇일까? 모든 엄마들이 자신의 아이가 창의적이기를 원하지만 창의성과는 거리가 먼 도리어 창의성을 말살시키는 교육을 하고 있다.

교육학에서 정의하는 창의성이란 유창성, 독창성, 융통성, 상상력을 포함하는 4영역으로 나누어진다. 유창성이란 가능한 많은 양의 아이디어를 생각할 수 있는 양적인 능력이다. 예를 들어, '빨간색을 보고 생각나는 것을 말해보자'고 했을 때 창의적인 사람일수록 많은 생각이 떠오른다는 것이다. 독창성이란 보통 사람들이 생각하지 못하는 희귀하고 독특하고 참신한 아이디어를 생각할 수 있는 질적인 능력이다. 우리가 보통 창의적이라고 느끼는 보편적인 개념으로 창의성을 결정하는 주요인이다.

융통성이란 다양하고 광범위한 아이디어나 해결책으로 얼마나 고정적인 사고를 벗어나 다르게 사고할 수 있느냐하는 능력이다.

상상력이란 풍부한 이미지를 많이 가질 수 있는 능력으로 흔히 상상력이 풍부하다고 말할 때 쓰는 개념과 일치한다.

창의성이란 이 네 가지를 두루 갖춘 능력으로 용어의 의미를 이해하는 것만으로도 어떻게 창의적인 사람이 될 수 있을 것인가에 대한 해답의 반은 얻을 수 있다. 왜 한국의 아이들이 창의적이지 못한가에 대한 대답은 더 빨리 찾을 수 있을 것 같다.

먼저 많은 아이디어를 내는 유창성을 지니기 위해서는 다양한 경험이 필요한데 이 땅의 아이들은 어릴 때부터 자신이 하고 싶은 놀이를 마음껏 하면서 세상을 탐색하기 보다는 정형화된 학습지와 선행학습에 매달려 있다.

독창적이기 위해서는 항상 남과 다르게 생각하는 훈련을 하면서 자기만의 색깔과 의견을 갖고 이것이 표현되었을 때 존중받고 감탄받아야 하거늘 웃음거리나 놀림거리가 되기 일상인 교육환경이다.

융통성이 있기 위해서는 평소 우리가 당연하다고 여기는 것들도 한 번쯤 의심하면서 더 좋은 해결방법은 없을까? 다르게 표현하면 어떻게 될까? 남들이 다 옳다고 여기는 것이 진정으로 선인가? 다 틀리다고 생각하는 것이 어쩌면 편견 아닐까? 와 같은 철학적 물음을 계속 할 수 있는 능력이다. 이때 현장에서는 질문이 많은 아이들을 귀찮아 하고 피하기 일쑤다.

상상력이 풍부해지기 위해서는 독서량이 많아야 하고 특히 다양한 분야의 독서가 풍부하게 이루어져 어린시기에 꿈을 많이 꿀 수 있어야 한다. 머릿속에서 세상의 온갖 것이 되어볼 수 있는 기회를 제공하고 꿈꾸기를 격려해야 하는데, 산수 문제 하나 영어 단어 하나 더 외우는 것을 가치롭게 여기는 현실이다.

이런 교육적 환경에서 우리 아이들이 창의적이지 못한 것은 당연하다. 내가 아이들을 길렀던 경험으로는 아이들은 누구나 매우 독특하며 창의적인 능력을 선천적으로 가지고 태어난다. 아이들이 하고자 하는 것을 즐겁게 할 수 있도록 지켜보면서 박수쳐주고 응원해주는 것이 필요할 뿐이다. 언제 박수를 쳐야 할지 언제 눈물을 닦아야 할지 알기 위해 깊은 관심은 필수적이지만…. 아이들이 각자 자신에게 맞는 준비도와 학습능력을 가지고 인생에서 꼭 필요한 학습을 주체적으로 습득해가고 있음을 믿어주면 안 될까?

딸아이와 아들아이는 미술학원에 다닌 적이 없다. 최소한 창의성의 의미를 이해하고 있는 나로서는 아이들을 학원에 보내 타고난 창의성을 사라지게 하고 싶지 않았다. 학원에 다니는 아이들은 선생님이 가르쳐 주거나 예쁜 마무리를 통해 어른스러운 작품으로 완성시켜 주었는데 이것은 부모를 기쁘게 하는 일이었다. 미술은 예술이고 예술은 표현이기 때문에 자신을 잘 표현할 수 있는 방법을 가르쳐줄 수는 있겠지만 결과를 수정하거나 점수화시키는 것은 상식적이지 않다. 특히 어린시기에는 자유롭게 느끼고 표현할 수 있는 분위기를 조성해 주는 것이 예술의 시작일 것 같다. 예를 들면, 아이들이 2~3세를 전후해서 한참 그리기를 좋아해 아무데나 그림을 그리는데 하루는 외출하고 돌아와 보니 아들아이가 벽에다 작품을 근사하게 그려 놓았다. 면적이 커서 무엇으로 가릴 수도 없었다. 그래서 벽면을 전부 돌아가면서 하얀색 전지로 도배해 주었더니 한 동안 그리더니 싫증을 내고 다른 매체를 찾아 떠났다. 또 한 번은 새로 사온 립스틱을 꺼내 종이에 칠하면서 그림을 완성한 적이 있는데 그때는 너무 아까웠지만 지금 생각하니 참 창의적인 매체로 작품을 표현한 것이 아닐 수 없다.

집안에서 버리는 재활용물건이나 폐품들은 훌륭한 미술재료들이니 아이들이 마음껏 어지르면서 창작할 수 있도록 잔소리 하지 말자. 엄마의 아무것도 안 시키기에 힘입어 우리 아이들은 둘 다 초등학교 들어가기 전까지 매우 창의적인 아이들로 명성을 떨쳤으나 학교교육을 시작하면서 창의성은 많은 타격을 입게 되었다.

기억하세요

테크놀로지 혁명에 힘입어 이제 바야흐로 세계는 하나로 통합되고 있습니다. 세계가 요구하는 창조성과 조직력을 갖추지 못하면 도태될 수밖에 없는 현실입니다. 그래서 외국어가 필요하고 그 언어를 사용하여 우리의 것을 세계로 펼쳐 나가기 위한 내용 개발이 시급한 것 같은데…. 언어 익히기에 목숨 거느라 막상 그 언어로 말해야 하는 내용은 하나도 준비하지 못한 모순에 빠져 있습니다. 우리가 정말 준비해야 할 것이 무엇인지 먼저 생각해야 할 때인 것 같습니다.

스스로를 믿자

자신감을 풀어서 설명하면 “할 수 있다는 스스로에 대한 믿음”으로 세상을 살아갈 주요 에너지라 할 수 있다. 자신감이 너무 지나치면 자만심이 되고 너무 부족하면 의기소침이 된다. 그래서 자신감이 넘치는 아이는 자만에 빠지지 않도록 경계시키고 자신감이 부족한 아이는 자기에 대한 신뢰를 회복하도록 도와주어야 할 것이다.

딸아이는 자신감이 넘쳐 실패를 두려워 하지 않는 진취적인 성격인 반면 아들아이는 자신감이 없고 소심하면서 내성적인 성격으로 매우 대조적인 편이다. 무엇에든지 앞장서는 누나 등살에 은근한 열등감에 시달렸는지도 모르겠다. 혹자는 왜 여자아이와 남자아이 성격이 바뀌었냐고 말할 지도 모르겠다.

하지만 이상적인 여성상과 남성상에 대한 이미지는 상당부분 사회가 부여하거나 결정해 준 것에 불과하다. "이런 여자는 맞고 이런 남자는 틀렸다"는 것은 있을 수가 없다. 명백히 옳고 그름의 대상이 아님에도 불구하고 부모들이나 사회는 끊임없이 "여자아이는 이래야 하고 사내아이는 이래야 한다"는 오랜 기간 굳어진 고정관념을 극복하지 못하고 있다.

나도 어렸을 때 "사내아이로 태어났더라면 한 인물 되었을 걸!"하는 말을 자주 들었지만 그때마다 "남자가 아니어도 세상을 바꿀 수 있다는 것을 보여 주겠다"고 생각했다. 지금 생각하면 그들의 모욕적인 남성 우월주의적 발언이 오늘날 나를 더 강하게 만드는 자극제가 되었음을 감사한다.

교육학에서 이상적인 인간상은 '가장 남자다운 남성미와 가장 여자다운 여성미를 동시에 소유한 인격체'를 의미한다. 즉, 여성이나 남성을 막론하고 '남성적인 모험심과 여성적인 섬세함'을 동시에 지닌 인간상이 전인에 가깝다는 뜻이다. 따라서 딸아이에게는 여성적인 섬세함과 민감함이 좀 더 필요하고 아들아이에게는 모험을 두려워하지 않는 진취성이 조금 더 필요하다고 이해하면 되는 것이다.

평소 아들아이는 누나에게 기가 눌려서 그런지 자신감이 없고 소극적인 편으로 운동할 때도 운동신경이 둔한 편이었다. 초등학교 1학년 숙제 중 하나가 훌라후프 돌리기였다. 숙제를 내줄 당시 아들아이는 후프를 전혀 돌릴 줄 몰랐다. 숙제 날짜는 다가오는데 엄마로서도 몸이 달았다. 아이는 자기는 못 돌리니까 포기할 것이라 했다. 나는 "엄마랑 같이 한번 도전해 보자"고 구슬렸다.

3일 정도 기간을 두고 아파트 앞 넓은 뜰에서 연습을 했다. 첫 날은 완전히 실패였다. 후프 돌리는 요령을 가르쳐주고 해 보라고 했더니 머리로는 이해하지만 몸이 따라 주지 못해 후프를 걸자마자 땅에 떨어졌다. 한 술 밥에 배부를 수 없다고 일단 첫 날은 후퇴했다. 다음 날 시도에서 처음으로 한 번이 돌아갔다. 최초로 한 번을 성공한 것이다. 여기에 나는 초점을 맞추고 엄청난 박수를 보내주었다. "너도 하니까 되잖아! 이제 잘할 수 있다니까"하면서 계속 격려해 주었더니 2번 3번… 점점 늘어나서 7번까지 돌릴 수 있게 되었다. 둘째 날도 이 정도에서 마치고 마지막 날 다시 도전하기로 했다. 그런데 마지막 날 무슨 일이 일어났는지 상상할 수 있겠는가? 아들아이가 후프 돌리기 10번을 넘으면서 17번을 돌리는 데 성공한 것이다. 자기도 기쁨으로 흥분을 감추지 못하면서 계속 하더니 마지막에는 후프가 몸에서 떨어지지 않게 되었다. 이 일을 통해 아들아이는 자신감을 회복했는지 반에서 후프를 제일 오래 돌리는 최후의 두 명에 뽑히고 끝내는 반대표로 교내 훌라후프 대회에 출전하는 쾌거를 이루었다.

아들아이의 운동능력을 잘 알고 있는 나로서는 운이 좋았다고 여겼지만, 이 사건을 계기로 아이는 운동에 대한 자신이 생긴 듯하여 어려운 일이 있을 때마다 '자신이 해낸 이것'을 기억하면서 극복할 수 있도록 격려하는 것을 잊지 않았다. "너 그때 후프 하나도 못 돌렸는데 잘 할 수 있게 됐지? 이것도 할 수 있을 거야."

얼마 전 아들아이와 수영을 같이 배웠는데 뛰어난 운동습득 능력에 놀라고 말았다. 그동안 축구팀에서 주전 선수로 활약한다는 말은 들었지만 이 정도인지는 몰랐었다. 아이의 실력을 별로 기대하지 않고 있었는데 눈부신 발전이었다. 어릴 때부터 꾸준히 운동하는 습관이 운동능력을 어떻게 증진시키는지 증명해 주고 있었다. 이제는 아들아이에 대한 나의 편견을 버려야 할 때가 왔다.

기억하세요

운동능력은 타고 나기도 하지만 어릴 때부터 연습과 훈련을 통해 후천적으로 많이 향상시킬 수 있습니다. 도시화로 인해 흙과 멀어지고 땀을 흘릴 만한 운동공간이 부족한 현재의 아이들에게 꾸준히 운동하는 습관은 스트레스를 건전하게 관리하는 정서적 안정에 기여합니다. 더불어 신체도 튼튼하게 가꾸어 주므로 마음과 몸이 건강한 사람이 되는 일석이조가 되겠지요.

“나는 아무편도 아니야”

아들아이가 초등학교 1학년을 마치고 2학년을 올라가는 시점에서 얼굴에 상처가 나 들어왔다. 학교에서 무슨 일이 있었는지? 궁금해 죽을 지경이지만 태연한 척하면서 물어보았다. 아이의 말인즉 자기반 아이들이 ‘가’와 ‘나’ 편으로 나누어졌단다. 그래서 한 편의 우두머리격인 아이가 아들아이에게 자기편에 들어오라고 해서 “싫다!”고 했더니 “그럼 다른 편으로 갈 거냐?”고 물어서 “아니다”고 했더니 빨리 정하라고 자기를 때리더란다. 이야기를 듣는 동안 나는 “이 어린 것들이 벌써 조폭을 결성했나? 요즈음 아이들은 뭐든지 참 빠르구나” 생각하면서 심히 조바심이 나서 아이에게 “그래서. 무섭지 않았어? 너만 왕따되면 어떡

하니? 아무 편이나 들지 그랬어?" 엄마의 전형적인 '하나만 알고 둘은 모르는'식의 미시적 사고방식을 단박에 부수는 아이의 말 "엄마! 나는 아무 편에도 들어가기 싫어. 그러면 보호받을 수 있을지는 몰라도 내가 옳지 않다고 생각하는 것들을 해야 돼!" 할렐루야! 장하다, 우리 아들! 어쩌면 그렇게 생각이 깊고 훌륭하니? 엄마보다 백 번 낫다.

아들아이는 '무섭지 않았냐?'는 반복적인 나의 물음에 조금 겁이 났지만 두렵지는 않았다고 대답했고 "○○가 때릴 때 넌 어떻게 했어?"라고 했더니 자기도 때려주었다고 했다.

아이들이 집 밖에 나가서 맞고 들어오면 엄마들은 보통 무엇이라고 하는가? "야 왜 맞고 있니! 너도 때려" 아니면 "그 애가 한 대 때릴 때 너는 두 대 때려" 심한 경우는 "반쯤 죽여버려! 네가 얼마나 센지 보여줘" 등의 반응을 하리라고는 생각지 않는다. 그러면 무슨 말을 해야 할까?

아이가 유아기 때 또래에게 맞고 들어오면 이렇게 말해줄 수 있을 것 같다. "너 정말 아프고 속이 상하겠구나", "친구를 때리는 것은 이렇게 아프게 하니까 나쁜 거야. 너는 말로 할 수 있겠지?" 조카 아이(만 3세)가 유아원에 다니는데 매일 때리는 아이가 있어 하루는 그 애한테 "하지마!" 라고 큰 소리를 질렀다기에 할머니(우리 어머니)께서 슬쩍 "너도 같이 때리지 그랬어" 했더니 "할머니! 그러면 내가 나쁜 사람 되잖아"했다는 얘기를 듣고 이렇게 어린 아이도 시비를 가릴 줄 알거늘 하물며 엄마가 되어서 같이 때리라고 시킨다면 얼마나 부끄러운 일일까?

이렇게 지극히 상식적이고 도덕적인 가치관으로 일관해 온 우리집 아이들은 매일 나가서 맞거나 뺏기고 들어오는 것이 다반사였다. 그럴 때마다 속이 상했지만 교육자적 양심으로 차마 그 애들을 같이 때리라는 말이 나오지 않았는데 어느 순간 아이가 자신을 스스로 방어하는 법을 발견하는 것을 보고 아이들은 스스로 살 길을 찾는구나! 감탄스러웠다.

학동기의 아이들에게 이렇게 살라고 하면 매일 맞고 또 맞고 결국은 따돌림당하는 세상이 왔다. 실제 아들아이의 절친한 친구 일이고 현재 그 아이는 강남을 떠나 지방에 살고 있다. 정말 선한 아이였는데…. 아이들은 피해아이가 저항을 하지 않으면 한없이 짓밟고 괴롭히는 장난감쯤으로 여기는 듯 하다. 정말 잔인한 아이들이다. 이 전에 얘기했던 생명경시현상과 일맥상통하는데 그러면 누가 이 아이들을 이토록 잔인하게 만들었는가? 이 아이들이 받고 있는 가공할 스트레스를 짐작할 수 있다면 해결이 가능하리라.

아들 친구의 일을 겪으면서 그 아이가 고통받고 있는 동안 아무런 도움도 주지 못한 우리 식구들이 너무 미안하고 죄스러웠다. 그 아이의 아픔과 상처에 대해 교육자의 한 사람으로서 뜨거운 눈물을 흘렸다. 분노와 연민과 회한이 뒤섞인 뭐라 정의내리기 힘든 눈물이 가슴을 타고 계속 흘러 내렸다. 그 이후 나는 이렇게 말해주고 있다. "다른 애들이 해코지 하면 너도 당하고만 있지 않다는 것을 보여 주어라. 너도 힘이 있다는 것을 보여줘!" 힘이 있다는 것을 보여주기 위해 호신무술 한 두 개쯤 단련해두는 것은 필수적이다.

기억하세요

자신은 올바르게 살고 싶은데, 사회나 자신이 속한 집단에서 분명히 옳지 않은 일을 강요할 때는 어떻게 해야 할까요? 용감하게 '못해'라고 말하고 싶지만 그렇게 하면 혼자 고립될 것 같은 상황에서 우리는 어떤 선택을 할 수 있을까요? 아이들에게는 무엇이라 가르쳐 주어야 할까요? 참 고민스러운 상황입니다만 내게 아무리 큰 이익을 안겨 줄지라도 옳지 않은 일이라면 거절할 수 있는 '의로움이 능력'임을 부모님이 먼저 믿고 행동으로 보여주시는 삶을 살면 어떨까요?

4 장

실천이 능력이다

자녀들은 자라면서 자아가 발달하고 자기 주장이 강해지므로 부모와 자녀 간 의사소통은 점점 힘들어지게 된다. 부모는 자녀를 통제하거나 교육하기 위해 나름대로의 방법을 동원하지만 세대 차이를 극복하지 못한 채 비일관적인 양육으로 시행착오를 겪게 된다. 이러한 부모들에게 도움을 주기 위해 교수—학습방법의 전문가를 기르고자 연구해 온 의사소통 방법을 소개한다.

집안일에 힘 합치기

우리집은 집안일만 도맡아 하는 사람이 따로 없기에 다 같이 힘을 합칠 수밖에 없다. 예를 들면, 가족회의를 통해 정해진 아빠는 설거지와 집안 정리, 엄마는 밥하고 빨래하고 공부 가르치기, 누나는 식탁 차리기 및 빨래정리, 동생은 쓰레기 버리기와 자기 방정리 등 각자 맡은 일을 매일 하지 않으면 식구들이 금세 불편함을 느끼게 된다.

나는 어릴 때부터 집안일을 하면서 성장하지 않았기 때문에 결혼 후에 살림의 노하우가 없어 많

이 고생했다. 지금 생각하면 나는 참 용감한 사람이었던 것 같다. '무식이 박력'이라고 결혼이라는 일생일대의 대사를 결혼식만 하면 끝나는 간단한 작업쯤으로 착각한 것 같다. 물론 모든 시행착오가 이전에 결혼해 본 경험이 없어 생긴 것이기는 하지만.

결혼 초기의 식사준비는 유년기에 소꿉장난했던 기분으로 이어갔다. 밥은 전기밥솥이 해 주어서 별 문제가 없었고 반찬은 친정어머니께서 거의 만들어 공수해 주셨고 도우미 아줌마가 규칙적으로 오셨다. 아마도 우리 어머니께서는 당신이 다 도와줄 것이니까 대학을 졸업하자마자 결혼해도, 연필을 놓자마자 밥주걱을 잡아도 살 수 있으리라 염려치 않으셨던 것 같다. 딸에 대한 에프터서비스가 아직도 계속되는 우리 친정을 생각하면 우리집안에 딸이 하나인 것이 천만다행이다.

감사하게도 친정의 전폭적인 지지에 힘입어 신혼살림은 무리없이 진행되는 듯 했으나 문제는 다림질이었다. 일생에 다림질을 해 본 적이 없었던 나는 와이셔츠와 바지 줄 세우기가 그토록 힘든 작업이었는지 예전에 미처 몰랐었다. 와이셔츠 하나를 30분 정도 다리고 바지 줄을 세운다고 한 시간 정도를 소모했다. 바지는 이쪽을 다리면 저쪽이 구겨지고 줄은 두 줄이 되어 흉해졌다. 난감한 시간을 고투한 후에야 익숙한 솜씨로 할 수 있게 되었다.

이러한 나의 신혼 고투기를 미루어 볼 때 여성들은 결혼살림을 위한 준비를 온전히 해 두는 것이 자신을 위해 필요한 일임을 알고 평소 집안일을 많이 시키시는 어머니 밑에 있다면 원망치 말고 순종하기를 바란다.

세상에는 두 종류의 사람이 있는 것 같다. 하나는 자신이 해보고 나서야 사실을 깨닫고 물러나는 사람, 다른 하나는 남들이 해 본 경험을 알려 주면 그것을 자신의 것으로 받아들여 시행착오 없이 뛰어넘는 발판으로 삼는 사람, 똑같은 출발점에서 시작했다 할지라도 자연히 전자보다 후자가 앞서 갈 수밖에 없는 이치다. 어떤 삶의 방식을 선택할지는 오직 본인의 의사에 달려 있다.

교육학에서 추구하는 인간상은 '자율적인 사람'인데 자율적인 것의 의미는 자동적인 것과는 다른 '능동적이고 주체적으로 살아갈 수 있는 능력'에 가깝다. 능동적인 의미는 누가 시키지 않아도 스스로 알아서 하는 것이고 주체적이라는 의미는 자신이 주인이 되는 것이다. 즉, 자기가 선택한 만큼 책임과 의무도 스스로 지는 태도와 직결된다. 엄마들께서는 이 점을 기억하시고 어릴 때부터 아이들 자신이 선택한 것에는 책임을 질 수 있도록 해 주셨으면 한다.

예를 들면, 우리집은 각자의 맡은 집안일을 누가 하지 않는다고 대신해 주지 않는다. 그러면 그 일은 고스란히 밀리게 되고 자기를 포함한 식구들이 모두 불편해지는 결과를 체험하게 된다. 그때 엄마는 준엄한 한 마디를 하는데 "네가 맡은 일을 하지 않으면 나도 너를 위해 해 줄 수가 없구나. 가족은 서로 도와주는 것인데 네가 다른 사람을 도와주지 않으니 너도 도움을 받을 수 없다는 것을 알아야 한다"고 한 다음 그 아이의 빨래와 밥을 안 해준다. 이렇게 하면 혹자는 "엄마가 너무 잔인하다", "친엄마 맞아", "엄마가 마음이 아파서 못해" 등등의 이유가 많을 것이다. 여기서 물러나면 정말 통제할 수 없는 상황이 온다. 이것은 세상을 살아가는 법칙을 가르치려는 더 큰 사랑이다. '스스로의 선택에는 책임이 따른다는 것'을 깨우치게 하려는 아픈 노력이다. 우리나라 부모님들이 이것 하나만이라도 철저하게 교육시켰더라면 오늘날 우리 아이들이 저렇게 술 취해 방탕하거나 카드빚에 몰리는 인생을 살지는 않을 것이다.

기억하세요

어릴 때부터 선택할 수 있는 자유의지를 존중하되 자신이 선택한 것에는 반드시 책임이 따른다는 것을 가르쳐 주어야 독립적인 성인이 될 수 있습니다. 부모가 마음이 아파서 또는 "나중에 크면 저절로 알게 되겠지"라는 안이한 태도는 나중에 내 아이를 세상이 가르치는 더 가혹한 결과를 낳게 됩니다.

사랑은 표현이다

앞에서도 밝힌 바와 같이 나는 기회에 강한 전략을 가지고 있었는데 그 중의 하나가 아이들이 소풍이나 수련회 갈 때 도시락 준비는 손수 해 준다는 원칙이었다. 원칙은 일관성이 생명이므로 한번 원칙을 정하면 목숨을 위협하는 위급상황이 일어나지 않는 한 지키려고 노력해 왔다.

어떤 날은 새벽 4시에 일어나 김밥을 말은 적도 있고 너무 바빠 시간이 부족할 때는 김밥이 아니라 볶음밥이나 주먹밥, 유부초밥 등등으로 대신할 때도 있었지만 엄마가 얼마나 노력하고 있는지 메시지를 전달하는 것이 중요했다. 도시락에는 때때로 사랑한다는 엄마의 메모지가 들어가기도 하고 볶음밥 위에 케첩으로 사랑한다는 하트를 그려 넣기도 했다.

또 다른 원칙은 아이들이 학교에서 돌아 왔을 때 빈 집에 들어오지 않고 엄마가 맞이할 수 있도록 시간표를 조정했다. 그래서 수업을 많이 맡을 수 없었고 학위과정 수업시간도 아이들이 학교에서 돌아오는 시간을 피해서 선택했다. 이것이 여의치 않으면 수업이 끝나자마자 집으로 돌아와 교우들이 모이는 모임에는 전혀 참석하지 못하는 반쪽짜리 사회생활을 할 수밖에 없었다. '나의 최우선 순위는 가정'이라는 원칙을 지켜 나감이 사회적 성취를 위해 얼마만한 걸림돌이었는지 남들은 모르리.

아이들이 학교에서 돌아오면 간식은 집에서 손수 만든 것으로 준비했다. 쿠키를 구워 주거나 군고구마, 군밤, 찐 감자, 구운 빵, 호박죽, 옥수수, 아이스크림 등을 만들어 계절 과일과 함께 내놓았다. 아이들이 어릴 때는 시중에서 파는 과자류나 음료수는 사지 않는 것을 원칙으로 했다.

부모들이 자녀를 사랑할 때 '표현'은 매우 중요하게 여겨진다. 우리 부모님 세대는 유교사상이 강하여 어른들 앞에서 자녀를 예뻐하면 안 되었고 귀여운 자식일수록 매 한 대를 더 때리라고 한다. 참으로 자녀에 대한 과잉보호를 경계한 가르침 같은데 바야흐로 시대는 변하여 이제는 표현이 미덕이 되었다. 미국의 레오 버스카글리아는 "표현되지 않은 사랑이란 없는 것과 무엇이 다른가?"라고 말한 적이 있다. 표현을 중시하는 미국식 사고의 전형이라 할 수 있지만 표현을 천한 것이나 점잖지 못한 것으로 여기는 동양식 사고도 많은 문제를 안고 있다.

나의 부모님들은 두 분 다 이런 유교식 생활방식을 준수해 오신 분들로 한 번도 자녀사랑을 내색하신 적이 없어 나는 대학생이 될 때까지 부모님들이 나를 정말로 사랑하시나? 하는 의문을 저버리지 못했다. 따라서 나를 진정으로 사랑해 줄 친부모를 찾아야 한다는 심적 방황이 성장기의 오랜 기간을 지배했었다. 부모님들이 자신들의 방식으로 최선을 다해 사랑하고 있었음을 이해하는 데 너무나 긴 시간이 필요했다(불행하게도 죽을 때까지 이것을 깨닫지 못할 수도 있다). 그 시간 동안 나는 결정적인 상처와 고통 속에서 울음을 삼켜야 했다.

'표현되지 않는 사랑'이 아니 '자녀가 사랑받고 있다고 느끼는 방법'으로 사랑하지 못하는 것이 얼마나 자녀의 영혼을 파괴하고 인생을 왜곡시키는지 우리는 상상하기 힘들다. 바로 이 부분이 '부모 되기'는 쉬워도 '부모 노릇하기'는 힘들다는 것이다. 사랑한다는 행위를 한마디로 정의하기는 힘들겠지만 '표현'은 가장 잘 사랑하는 방법 중의 하나임에 틀림없다.

남편은 '자녀사랑의 대가'라고 할 정도로 아이들이 원하는 그것을 정확하게 파악하여 안겨줌으로써 자신의 사랑을 표현해 왔다. 가령 외국출장을 다녀올 때면 항상 아이들이 필요로 하는 바로 그것을 사왔다. 반면 나의 아버지는 '내가 원하는 것이 무엇인지' 알지도 못하셨을 뿐더러 관심도 없으셨다. 당신이 좋다고 생각하는 무조건 비싼 것들을 사오셨다. 사랑은 관심을 가지고 상대가 원하는 것에 민감한 상호작용의 쌍방통행인데 아버지는 일방통행을 하신 것이다.

얼마 전부터 부모를 살해하는 일이 종종 벌어지고 있다. 소년원에 들어오거나 감옥에 들어온 죄수들의 대부분은 이렇게 부르짖는다고 한다. "지금까지 살면서 나를 사랑해 준 사람은 한 명도 없었어" 이들의 심중이 헤아려 진다. 물론 어떤 범죄도 최종 책임자는 본인이지만 이들의 절규에 사회는 귀를 기울여야 할 것이다. 개인적으로는 이들의 절규를 "지금까지 살면서 내가 사랑받고 있다고 느끼도록 사랑해 준 사람은 한 명도 없었어"라고 바꾸어야 할 것 같다. 그들에게 왜 부모가 없었으며 선생님이 없었으며 할머니, 할아버지, 이모, 삼촌, 친구가 없었겠는가. 단지 아무도 그들을 사랑받고 있다고 느끼는 방법으로 사랑할 줄 몰랐던 것이리라.

기억하세요

살면서 내가 내일 죽는다면 사랑하는 사람들에게 "이 말을 꼭 할걸…"하고 생각했던 말들이 있다면 지금 바로 해보시는 것이 어떨는지요? 사랑을 표현하고 감사하고 또 다른 사람에게 기쁨을 주는 말을 내일로 미루지 말고 즉시 하면서 살 수 있었으면 좋겠습니다. 지금 표현하지 않으면 영원히 못하게 될 줄 누가 알겠습니까.

엄마 대신 알뜰시장에서 샀어요!

딸아이가 초등학교 다닐 때, 학교에서 알뜰시장을 열어 쓰던 물건은 서로 바꾸고 새 물건은 값싸게 장만할 수 있는 좋은 기회가 있었다. 평소에 나는 이런 기회를 놓치지 않고 애용하는 편인데 그때는 어린이집에 교사로 출근하고 있어 아마도 시간이 없었던 것 같다.

딸아이는 내가 시키지도 않았는데 중국식 원피스와 모자를 사 왔다. "엄마! 어린이집 역할놀이방에 이걸 갖다 놓으면 좋을 것 같아 사왔어" 뭐라고 말할 수 없는 감동이 밀려왔다. 어린 나이지만 엄마가 가르치는 어린이집 유아들에게 보탬이 되고자 했던 아름다운 마음씨를 느낄 수 있었다.

이것은 하루아침에 이루어지는 것이 아니라 생활 속에서 무의식적으로 또는 무의지적으로 이루어졌던 산교육임을 깨달을 때 부모로서 본을 보인다는 것이 얼마나 거룩한 작업이었나 돌아보게 된다.

이 사건이 일어나기 며칠 전 비가 많이 내리고 있었다. 평소 어린이집 아이들 교육을 위해 노심초사하던 나는 아이들이 실제 수업에서 활용해야 할 교구를 마련하는 것이 가장 큰 문제였다. 그래서 그 날도 다른 날과 마찬가지로 "○○를 구해야 돼" 하면서 애쓰다가 비가 억수같이 쏟아지는데 외출을 하려니까, 딸아이는 "엄마! 이렇게 비 오는데도 갈 거야? 그거 없으면 안돼?" 나는 "비가 와도 가야 돼! 내일까지 그걸 구해야 하거든" 하면서 몇 시간을 ○○을 찾아 헤맸지만 결국 빈 손으로 돌아왔다. 이 모습을 보고 딸아이는 깊은 생각에 잠기는 듯 하였다.

아이들은 어른들이 말로 하는 훈계보다 행동으로 보여준 실천을 마음으로 배우기 때문에 내가 의도하지 않을지라도 행동으로 이미 많은 것을 가르치고 있었던 것이다. 말로 했던 어떤 교육보다 강력하고 영향력 있게…. 두려운 일이며 끊임없이 자신을 돌아보아야 할 이유이기도 하다.

때때로 나는 실수하고 분노해서 이성을 잃기도 하고, 소리를 지르기도 하고 엄마로서뿐 아니라 어른으로서 품위를 잃기도 한다. 완벽한 사람은 없기에 누구나 이렇게 살 줄 안다. 정도의 차이가 있으리라 여긴다. 문제는 본인의 변화의지와 자기반성이겠다. 내가 잘못한 일이 있으면 서슴없이 "이번에 엄마가 잘못 생각한 것 같구나, 너희들이 너그럽게 이해해 주었으면 좋겠다" 사과를 하고 엄마도 한 인간으로서 완전하지 못하고 계속 노력하고 있음을 알게 한다. 또 모르는 문제가 있으면 체면이 깎인다고 아는 척 하지 말고 솔직히 "엄마도 그건 모르겠는데 어디서 알아보자" 아니면 "엄마가 전문가가 아니니까 잘 알 수 있는 사람한테 물어보자" 하면 아이들이 어릴 때는 엄마의 솔직함에 더 인간미를 느끼는 듯 했지만 요즈음 아들아이는 "엄마는 왜 그렇게 무식해! 아는 게 없다니까"하는 반응을 보인다. 그래도 나는 별로 슬퍼하지 않으려고 한다. 아이들이 커가면서 부모에 대한 환상이 깨어지는 것은 당연한 일이니까.

기억하세요

가르침과 학습이 동의어라면 좋겠지만 현실적으로, 우리 부모들이 열심히 가르치는 것들을 아이들은 야속하게도 학습하지 못할 때가 많습니다. 그런데 이상하게도 내가 가르치려고 의도하지 않고 무심코 했던 것들은 그대로 보고 배워서 학습의 효과가 아주 높았습니다. 때때로 이런 결과는 우리를 당황하게 만들지만 이 시점에서 우리도 전략을 바꾸면 되겠습니다. 앞으로는 말로 가르치지 않고 아이가 배우기 원하는 것을 행동으로 보여주기로….

선택에는 책임이 따른다

부모들은 자녀교육 시 상·벌 문제 때문에 도전 받는 일이 많다. 다음에서는 효과적인 부모교육 방법 중의 하나인 '자연·논리적 결과'에 대해 소개하고자 한다(STEP, 이경우 역, 1994). 첫째, 이 방법의 특징은 부모가 아닌 어린이가 자신의 행동에 책임을 진다. 둘째, 어린이 스스로 어떤 행동이 적절한가를 결정한다. 셋째, 부모의 바람에 따르도록 강요하는 대신 자연적·사회적 사건의 질서로부터 아이 스스로 배우게 한다. 즉, 배가 고파도 먹지 않는 아이는 배고픔을 경험하게 되고 장갑을 끼지 않겠다고 고집 부리는 아이는 손 시려움을 경험하게 된다. 다시 말하면, 아이들은 자기의 잘못된 행동에 대해 논리적으로 따라오는 결과가 있다는 것을 알게 되는 것이다.

종 종 엄마들은 자녀가 밥을 먹지 않는다고 하소연하면서 상담을 요청한다. 이때가 논리적 귀결을 경험시킬 좋은 기회이다. 대부분의 엄마들은 아이들이 먹지 않으면 따라다니면서 먹이거나 군것질 할 것을 주면서 무엇이든 먹기를 바란다. 한번 냉정하게 먹을 것을 집안에서 다 치워보자.

우리 딸아이도 어릴 때 굶은 적이 많다. 아이가 밥 먹기 싫다고 하면 나는 두 말하지 않고 식탁의 밥과 반찬을 깨끗이 치워버리고 말한다. "우리집 규칙 알지? 밥 먹지 않으면 과자나 간식도 먹을 수 없다는 거" 처음 이렇게 할 때 딸아이는 속으로 "설마 엄마가 나를 굶기기야 하겠어"라고 생각했을지 모르나 일관성을 생명으로 여기는 내가 중간에 굽힐 리 없다. 집안에 있는 모든 먹을 것을 아이가 찾지 못하도록 아주 높은 곳에 숨기거나 엄마만 아는 곳에다 옮겨 놓은 후 태연한 척 지켜 보았다. 저녁을 굶은 후 밤 이슥한 시간이 되면 아이가 배고파 하면서 눈치를 살피는데 마음이 아파 "먹을 것을 조금만 줄까"하고 흔들리기도 하지만 제대로 교육을 하려면 참아야 한다고 이를 악물었다. 자녀들과 '식사 줄다리기의 악순환'의 고리를 끊으려면 이 고비를 잘 넘겨야 한다. 독한 엄마가 되어야 한다. 이 독기는 아이를 바른길로 이끌기 위한 선택임을 결코 잊어서는 안 된다. 이때 엄마는 자기 자신과의 싸움에서 이겨야 하는데 흔히 '모성애의 본능을 못 이겨서', '배고파하는 것이 너무 가슴 아파서' 등등의 이유로 먹을 것을 주면 아이들은 "엄마가 그러면 그렇지, 다 허풍이었어", "엄마는 역시 나한테는 못 당해"하면서 신뢰를 잃게 된다. 이렇게 되면 앞으로 엄마가 무슨 말을 하더라도 아이들이 두려워하지 않기 때문에 엄마로서 권위가 실추되고 교육의 주체로서 역할을 감당할 수 없게 된다.

이것을 잘 알고 있는 나로서는 더욱 물러설 수 없었기에 딸아이는 저녁을 고스란히 굶은 채 아침이 되면 감사하게 밥을 먹곤 했다. 어떤 때는 자존심으로 고집부리다 두 끼를 연속 굶은 적도 있는데 두 끼를 굶고 난 후에는 아무 것도 가리지 않고 허겁지겁 밥을 먹었다. 이 모습을 옆에서 지켜본 아들아이는 먹는 것으로 엄마에게 투정부릴 생각은 아예 접은 듯했다. 딸아이의 기아체험이 몇 번 있고 나서 우리집에서는 최소한 식사문제의 줄다리기는 없어졌다. 이 때 주의할 점은 아이가 식사를 굶은 후 다음 식사 때까지 사이에 간식을 주면 안 되는데 이것을 지키지 않으면 아이가 배고픔을 경험하지 못하기 때문에 교육의 효과가 상실된다는 점이다.

아이들이 씻지 않는 문제로 부모를 힘들게 하면 씻지 않는 사람은 깨끗한 옷으로 갈아입을 수 없다는 논리적 타당성을 깨닫게 해준다. 그래서 씻지도 않고 옷도 더럽게 하고 다니면 남들이 지적해 줄 것이다. 아이들이 숙제를 안 해가면 부모가 야단칠 필요가 없다. 학교에 가서 담임선생님께 벌을 받는다는 논리적 결과를 체험하게 될 것이다. 흔히 여자아이일 경우 옷 입는 문제로 엄마와 갈등이 심한데 지난 번에 소개했던 방법(부츠와 샌들사건)을 참고하시기 바란다. 만약 외출 시 옷 입기로 힘 싸움을 하다 약속에 늦었을 경우 준비가 끝난 엄마만 갈 수 있다고 말하고 준비가 덜 된 아이는 집에다 놓아 두고 간다. 다음 번에는 시간 내에 준비가 되면 같이 갈 수 있다고 알려준다. 여기서도 주의할 점은 말로만 “너 그러면 안 데리고 간다!”, “늦으면 놓아 두고 간다!”고 협박하면서 실제로는 지키지 않으면 아이들이 “괜히 그러는 거 다 알아, 우리엄마는 나 두고 절대 못갈 걸”하면서 자기 하고 싶은 대로 할 것이다. 말이 힘을 갖기 위해서는 행동이 뒷받침되어야 한다. 즉, 언행일치의 투명성 확보가 교육에 능력을 부여할 것이다.

기억하세요

아이가 선택한 행동에는 논리적으로 따라오는 결과가 있다는 것을 반드시 깨닫게 할 필요가 있습니다. 권리와 의무가 동시적인 것처럼 선택과 책임도 불가분의 관계임을 어릴 때부터 생활을 통해 배우도록 해주세요. 그러면 아이와 갈등하고 힘겨루기 할 일이 놀라울 정도로 줄어듦을 피부로 느끼실 겁니다.

아이의 마음을 읽는 법

부모들은 자녀들이 말을 안 듣고 속을 썩이고 의사소통이 안된다고 불평하지만 자녀들이 생각하는 부모의 모습은 어떨까? 혹시 명령자(상대방의 감정은 아랑곳하지 않고 무조건 명령만 내림), 도덕주의자(너는 그러면 못써, 그런 짓을 하면 나쁜 사람이야), 심판자(부모는 옳고 자녀는 틀리다는 식), 비판자(조롱하고 모욕하고 비난하기), 심리학자(분석하고 질문하고 진단한다), 상담자(일이 잘 안 되는데도 잘될 것처럼 행동하고 간단하게 처리하려 한다) 등의 모습은 아닐까? 이것은 STEP에서 제시한 '자녀가 감정을 표현할 때 부모가 인습적으로 하는 역할'들을 소개해 본 것이다.

이러한 역할을 하지 않으려면 '반영적 경청'을 해야 하는데 이 방법은 세상을 살아가면서 사용하는 모든 종류의 의사소통에 해당된다. 자녀 뿐 아니라 친구나 남편, 아내, 직장에서도 매우 효과적인 의사소통 방법이라 할 수 있다. 반영적 경청이란 상대방이 느끼고 의미하는 것을 파악하여 "숨은 너의 의도를 헤아린다", "너의 감정을 안다"와 같이 거울이 되어 반영하는 것처럼 들어주는 것이다. 남편이 직장에서 돌아와 불평을 할 때 아내는 "당신 직장생활 많이 힘들지요", "○○한테 스트레스 많이 받지요, 당신이 힘든 거 이해가 가요" 등으로 위로할 수 있지만 "당신만 직장생활하는 거 아니에요, 나도 집에서 힘들어요", "남의 돈 버는 데 쉬운 게 있나요", "그래서 직장을 그만두겠다는 거예요?" 등의 말은 전혀 반영적 경청과 멀어진 것이다.

반영적 경청을 습득하는 데 도움이 되는 방법을 살펴보면(STEP, 이경우 역, 1994), 자녀가 부모에게 느낌을 전달할 때 다음과 같이 할 수 있다. "그 애의 느낌은 어떨까?" 느낌을 묘사하는 단어를 생각해낸다. 예를 들면, 유아가 "동생이랑 다니기 싫어요"라고 말했다면 이 아이의 느낌은 무엇인가? 가능한 대답은 성가시고 불편하다 그러면 그 단어를 문장에 넣어서 "너는 동생이랑 같이 다니는 것이 불편하구나" 또는 "동생이 너를 성가시게 하는구나"라고 말해준다. 부모가 자신에게 "내 아이의 느낌은 어떠한가?"라고 질문하면 반영적 경청방법을 좀 더 빨리 찾을 수 있다.

우리 아이들을 키우면서 반영적 경청을 몰랐다면 아이들과의 의사소통은 일방통행이 되었을 것이고 그랬다면 아이들의 마음은 얼마나 답답했을까? 한번은 아들아이가 초등학교 2학년 때 바깥에서 놀다가 집으로 뛰어 들어와 엄마를 찾았다. 보통 때는 거의 엄마를 찾지 않던 아이였으므로 무슨 중요한 일이 생긴 모양이었다. “엄마! ○○가 내 것을 부숴뜨려 버렸어. 너무 못된 아이야” 분노와 억울함으로 이미 눈물을 글썽이고 있었다. 여기서 엄마가 같이 흥분하는 것은 금물이다. 냉정을 잃지 않고 차근차근 풀어나가야 한다. 먼저 아이의 감정을 읽어 내고 말하고자 하는 의도를 파악해야 한다. “그게 부숴져서 너무 화가 나겠구나. 네가 정말 억울하게 당했다고 생각하는구나”하면 아들아이는 “응!” 이 한마디에 이미 응어리가 반은 풀어진 상태다. 자기를 알아주고 감정을 이해해 주었다는 사실만으로 상한 마음이 풀어졌던 것이다. 그때 다시 “너 그 애랑 아무 일도 없었니?”하면 백발백중 자기가 먼저 그 아이를 화나게 할 만한 원인을 제공한 것이 밝혀진다. 대화가 이쯤 진행되면 아이는 언제 그런 일이 있었냐는 듯 부정적인 감정을 풀고 바깥으로 놀러 나간다.

딸아이가 아기였을 때 택시를 타고 가고 있었는데 날씨가 몹시 더워 땀이 많이 났는데 에어컨이 작동되지 않았다. “엄마! 나 너무 더워”했을 때 “조금만 참아! 이제 다 와가”라기보다 “그래, 우리 딸! 얼마나 더울까?”하면서 받아 주었더니 이 한마디에 흐

뭇한 표정으로 아무 말 없이 목적지까지 간 적이 있다. 그 당시 반영적 경청법은 가히 마술 같은 효력이 있었다.

기억하세요

반영적 경청을 익히지 못하면, 의사소통에 장애를 주는 언어표현들로 인해 부정적 의사소통을 하게 됩니다. 적극적으로 들어준다는 것은 상대가 말하고자 하는 의도와 동기 뿐 아니라 현재 느끼는 감정을 헤아리면서 들어주려는 자세입니다. 일본에서 유명한 '123대화법'을 활용해 보시면 어떨까요. 일분 동안 말하고 이분 동안 듣고 세 번 끄덕이라고 합니다.

보너스

어린이가 하는 말	부정적 경청	반영적 경청
-다시는 ○○랑 놀지 않을 거야.	-그런 말 하면 못써! 친구랑 사이좋게 지내야지.	-너 그 애한테 정말 화가 났구나.
-난 그것 못해요.	-너 왜 해보지도 않고 그러냐! 이제 시작했으면서!	-그게 정말 어려운가 보구나.
-나도 ○○갔으면 좋겠다. 다른 애들은 다 가는데..	-몇 번이나 이야기 했니! 너는 안 된다고, 이젠 그만 좀 괴롭혀라.	-너는 불공평하다고 생각하는구나.
-내가 이걸 만들었어!	-잘했다! 이제 저리가.	-그것을 만들어서 기쁘구나.
-나 오늘 학교가기 싫어. ○○는 나쁜 애야.	-누구나 학교에 가야 돼. 너 학교 안보내면 경찰이 엄마 잡아간다.	-○○가 너를 괴롭힐까 봐 걱정되는구나.
-엄마는 세상에서 제일 나쁜 엄마에요.	-은혜도 모르는구나!	-엄마 때문에 속이 많이 상했구나.

'나－메시지' 익히기

자녀와 의사소통을 원활히 하는 방법 중의 다른 하나는 '나－메시지'다. 이것은 대화의 채널을 가로막는 '너－메시지'와 반대되는 개념으로 '너－메시지'의 예를 들면, "너 때문에 다 망쳤어", "당신이 잘못해서 애가 가출했잖아요", "네가 ○○를 못해서 창피하다", "당신이 잘못 가르쳤어" 등과 같이 말의 중심에 '너'를 비난하는 메시지가 자리 잡고 있는 상태를 말한다.

반면 '나－메시지'는 나를 중심으로 말하는 표현법으로 단순히 상대방의 행동에 대한 나의 느낌을 설명하는 것이다. 나－메시지는 상대를 평가하지 않는 태도가 필요하다. 화를 내면서 전달하는 나－메시지는 적대감을 나타내는 너－메시지가 된다. 나－메시지는 부탁하고 동의를 구하고 존중하는 말이기 때문에 수용적이 되고 긍정적이 되고 친근감을 준다(STEP, 이경우역, 1982).

예를 들면, "떠드는 소리 때문에 전화소리가 들리지 않는구나", "네가 연락을 안 하고 집에 늦게 들어오면 엄마가 얼마나 걱정이 되는지 모르겠다", "당신이 말을 해주지 않으니까 내가 알 수가 없어서 지나갔어요", "너희들이 함부로 물건을 낭비하면 엄마는 아까 와서 속이 상하는구나"와 같이 너를 비난하기보다는 상대방이 행동한 사실에만 초점을 맞추어 그러한 행동이 나에게 어떤 영향을 주는가를 메시지화하는 방법이다.

나-메시지를 익혀보면(STEP, 이경우 역, 1994), 먼저 부모에게 방해가 되는 행동을 서술한다. ① 비난하지 말고 그냥 이야기한다-"네가 이렇게 돌아다니면," ② 유아의 행동의 결과로 생긴 부모의 느낌을 서술한다-나는 정신이 산만해져서 가르칠 수가 없다. 다시 한 번 해보면, ① 부모에게 방해가 되는 행동을 말한다(단순히 서술만 하고 비난하지 않는다)-"네가 학교가 끝나고 전화도 없이 안 들어오면", ② 행동의 결과 때문에 생긴 부모의 느낌을 말한다-"너에게 무슨 일이 생겼나 걱정이 된다" ③ 결과를 말한다-"나는 네가 어디 있는지 몰랐기 때문이지."

최근에 아들아이가 수행평가 리포트 준비를 하지 않고 친구의 것을 복사해서 제출하는 일이 발생했다. 어찌 보면 정직하지 못한 도덕적 결함으로 심각한 상황이라 여길 수도 있지만 처음으로 실수한 아들아이에 대한 신뢰를 깨고 싶지 않았다. 또 달리 생각하면 수행평가를 어떻게라도 해서 내보겠다는 의지가 가상하기도 했다. 여기서 '나－메시지'를 사용하면, "선생님께서 너의 리포트를 보시고 엄마에게 전화하셨다", "이런 전화를 받으니 엄마가 너무 창피스럽다", "점수를 받고 싶은 너의 마음은 이해하겠지만 방법이 잘못된 것 같구나" 이 정도 말하면 학교에서 선생님의 감점과 훈계도 있고 해서 다음에는 이런 일이 다시 없으리라 생각한다.

집 가까이에 산이 있어 자주 가는 편인데 하루는 산속에 있는 벤치에서 학생들이 교복을 입은 채 음료수를 마시고 병을 여기저기 버려두었다. 벤치 바로 앞에 '쓰레기를 버리지 맙시다'라는 푯말이 무색하게도 학생들은 음료수 병들을 버려 둔 채 막 떠나려는 참이었다. 나는 가만히 걸음을 멈추고 이 모습을 지켜보다가 '나－메시지'를 주기로 했다. 서로의 기분을 상하지 않고 문제를 해결할 수 있는 말 "학생들! 빈병 가져가는 것 잊지 마세요, 고마워요"하니까 학생들이 깜빡 잊은 것처럼 겸연쩍어하면서 쓰레기를 되가지고 돌아갔다. 만약 여기에서 '너－메시지'인 "학생들! 어느 학교에 다녀? 쓰레기 버리지 말라는 푯말 안보여" 한다면 상대를 비난하는 메시지가 되어 서로의 기분을 상하게 한다. 이 대화법을 익히고 나면 상대방의 기분을 상하지 않게 하면서 내가 하고 싶은 말을 다 할 수 있게 된다.

아이들을 키울 때 친구집이나 장난감 가게에 놀러 가서 돌아오지 않겠다고 떼를 쓰거나 조금만 더 논다고 우겨서 엄마들이 당황하게 되는 경우가 흔히 있다. 이럴 때도 '나－메시지'는 유용하다. 먼저 앞서 배운 반영적 경청으로 아이의 마음을 인정해주자 "지금 참 재미있게 놀고 있어서 가기 싫구나"한 다음 '나－메시지'를 준다. "그래도 지금 돌아가야 엄마가 ○○일을 할 수 있거든" "어떻게 하면 좋을까?"하면 아이가 무조건 더 논다고 할 것이다. 엄마는 '○○분은 더 놀 수 있다'는 대안을 제시하고 그 후에는 꼭 돌아가야 된다고 약속한 다음 기다려 준다. ○○분이 지난 후에도 아이가 고집을 부리고 안 돌아가겠다고 하면 "네가 ○○분만 놀고 돌아가겠다고 해서 엄마가 기다렸는데 또 다시 안가겠다고 하면 엄마는 너를 놓아두고 갈 수밖에 없구나"한 다음 단호히 실천에 옮기면 된다. 한 두 번 이것을 반복하고 나면 아이들은 약속을 지키게 되고 비합리적인 고집을 부리지 않게 된다. 정히 아이가 떠나기 싫어 고집을 부리면 놀 시간을 한 번 더 연장해줄 수는 있지만 그 이후에는 단호한 입장을 취해야 한다.

'나－메시지'를 반영적 경청과 더불어 사용하면 자녀들과 의사소통 시 엄마가 소리 지르거나 야단치거나 부정적인 언행으로 아이의 감정을 상하게 하여 관계를 악화시키는 일을 미연에 방지할 수 있다. 엄마들이여! 부디 생활에서 애용하시고 승리하시라!

기억하세요

"저 아이는 왜 저런 말을 할까?", "나는 왜 이렇게 화가 날까?"와 같이 우리의 상태를 한 번쯤 점검해 본다면, 감정을 바로 쏟아내기 전 한 호흡만 늦출 수 있다면 나-메시지에 더 가까워질 수 있습니다. 자녀를 바라볼 때 '부모가 되기 원하는 모습'이 아니라 '현재 있는 그대로의 모습'을 인정할 수 있다면 '완벽'에 대한 우리의 강박을 벗어날 수만 있다면 나-메시지는 저절로 되지 않을까요.

보너스

너-메시지	나-메시지
네가 제대로 하는 게 뭐가 있어?	네가 이렇게 해주면 좋을텐데.
엄마, 아빠 때문에 창피해 죽겠어요.	그 말을 들으니 엄마 아빠가 섭섭해진다.
오늘 또 늦었냐?	네가 늦게 와서 오늘도 걱정을 많이 했다.
왜 맨 날 말대꾸만 하냐?	말대꾸를 계속하면 내 마음이 너무 상한다.
음식이 왜 이 모양이야?	○○게 하면 더 맛있을 거 같은데.
너랑 있으면 피곤해 죽겠다.	지금은 피곤하니 나중에 얘기하자.

성교육은 사랑교육이다

우리나라는 유교문화의 영향으로 부모들이 성에 대해 이야기하는 것은 수치스럽고 품위 없는 것으로 여겨왔다. 그래서 성장기 아이들이 성에 대해 물어오면 얼굴을 붉히면서 대답을 회피하거나 외면하기 일쑤였다. 이러한 태도는 아이들에게 더욱 호기심을 유발시키고 자신의 궁금증을 부모보다는 잡지나 음란매체를 통해 음성적으로 해결하는 과정에서 성에 대한 죄책감을 키울 수 있다.

성교육은 성기교육이 아니라 남녀 간의 아름다운 사랑교육이며 인성교육이라는 인식하에 부모로부터 올바른 대답을 듣고 자라난 아이들은 본능을 건강하게 이끌어갈 수 있는 성인이 된다. 성교육은 생활 속에서 아이들이 질문을 하면 엄마가 짧고 간략하게 대답해 줌으로써 자연스럽게 이루어질 수 있다.

발달단계에 따른 부모의 답변을 소개하면(성, 아기 때부터 사춘기까지, 1999), 3~4세 어린이가 "엄마! 아기는 어디서 와"하면 난자와 정자를 끌어댈 필요 없이 "엄마의 뱃속에서 자란단다. 다 자라면 의사의 도움으로 세상에 나오게 되지". 5~6세경에 물어보면 "엄마의 자궁이라고 하는 아기방에서 자란단다". 8~9세경에는 아기가 어디로 나오는지 궁금해서 하는 질문이다 "엄마의 다리 사이에 길이 있어서 그곳으로 나온다" 고 가르쳐주면 그 길이 어디에 있느냐고 또 물어볼 수도 있다. 그러면 소변과 대변이 나오는 길 중간에 있다고 알려주면 된다. 초등학교 저학년 아이들에게는 "엄마의 아기씨와 아빠의 아기씨가 만나서 아기가 만들어지는 거야"로 대답해주면 되지만 초등학교 고학년 아이들은 이 정도의 대답에 만족하지 못한다. "아빠의 정자와 엄마의 난자가 어떻게 만나?"하고 물으면 모든 것을 말해 주어야 할 때가 온 것이다. "엄마, 아빠가 서로 사랑을 할 때 몸속으로 들어갈 수 있는 거야" 남성과 여성의 특징을 설명해 주고 남녀가 서로 사랑하는 성교의 메커니즘 "아빠의 음경이 딱딱해져서 엄마의 질속으로 들어가서 정자를 아기방에 전달해 주는 거야" 이때의 분위기는 진지하면서 '성은 아름답고 신비한 것'이라는 인상을 심어준다.

아이들이 어릴 때 자신의 성기를 가지고 놀거나 만지작거리는 행위를 보이는 시기가 있는데 지나치게 문제시하거나 염려할 필요가 없다. 성장의 한 단계를 충실히 밟고 있는 것 뿐이니까. 유아들은 자신의 신체를 탐색하는 중에 성기를 발견하게 되고 신기하여 관찰하다가 자위를 할 수도 있다. 이때는 유아들의 관심을 더 흥미롭고 다양한 곳으로 돌릴 수 있도록 환경을 바꾸어 주면 된다. 아이가 너무 심심하거나 무료하기 때문이다. 이때 부모나 성인이 심하게 호들갑을 떨면서 행동을 저지하면 아이는 자신의 행동이 잘못됐다는 죄책감에 빠질 수 있으므로 유의해야 한다. "그곳은 중요한 곳이니 더러운 손으로 만지지 말고 소중하게 보호해야 한다"고 일러주자.

성에 대한 부모들의 고민 중의 하나는 전혀 질문을 하지 않는 아이다. 어떤 부모들은 내심 잘 되었다고 생각할 수도 있겠지만 이것은 아이가 최초로 성에 대해 호기심을 가졌을 때 주위로부터 부정적인 피드백(송환효과)을 받았거나 환경 속에서 성에 대한 부정적 선입관을 가졌을 때 종종 나타난다. 평소에 엄마들은 아이들의 성교육에 관심을 가지고 남자와 여자의 차이를 통해 서로를 존중하는 태도를 길러주어야 한다.

예를 들면, 가족이 같이 목욕을 하면서 여자와 남자의 차이를 자연스럽게 받아들이도록 하는 방법이 있다. “엄마! 아빠고추는 왜 그렇게 커?”, “누나는 왜 엄마처럼 가슴이 없어?”하고 물어올 때 성실히 대답해 주면 아이들은 자신도 크면 나중에 엄마, 아빠와 같은 신체로 변한다는 사실을 미리 준비하면서 기대 속에서 성장할 수 있다.

딸아이가 사춘기를 전후하여 반 아이들 대부분이 월경을 시작했는데 혼자만 감감 무소식이었다. 아이가 몸집이 작은 편이어서 늦는 것 같았는데 어느 날 드디어 월경을 시작했다. 그때 나는 우리집을 축제분위기로 만들었고 드디어 엄마가 될 준비를 시작한 것이라며 축하를 아끼지 않았다. 본인도 몹시 자랑스러운 듯했다. 이것은 자랑스러워 할 일임에 틀림없다. 그 이후 우리집 아빠는 가끔 딸아이의 생리대를 종류 별로 사다주는 배려를 꺼리지 않고 수행 중이다.

미국의 한 학교에서 ‘청소년의 성교육’에 대해 연구했다. 두 학교에서 실험이 이루어졌는데 한 학교에서는 학생들에게 피임 방법은 충실히 가르쳐 주었지만 순결에 대한 가치를 심어주는 교육은 시키지 않았다. 다른 학교는 피임의 기술보다는 순결을 왜 지켜야 하고 순결을 지키는 것이 어떻게 가치로운 지에 대한 정신교육을 시켰다고 한다. 결과 미혼모의 출산율이 낮은 학교는 어디였을까? 후자였다고 한다. 이것은 성교육이 정신교육이고 인

성교육임을 다시 한 번 확인시켜 준 결과라고 할 수 있다.

기억하세요

> 성교육은 성기교육이 아니라 남녀 간의 아름다운 사랑교육이며 인격교육임을 인식해야 합니다. 부모로부터 성에 대해 정확한 지식을 배우고 자연스럽게 교육 받은 아이들은 본능을 건강하게 이끌어갈 수 있는 성인이 되어 성을 누리고 지킬 줄 알게 된답니다.

도씨 아저씨를 맞이하는 법

우리집은 아파트지만 어처구니없게도 한번은 도씨 아저씨가 다녀간 적이 있었다. 요새 아저씨들은 사는 것이 많이 힘든 모양이다. 우리집은 4층이라 케이블 텔레비전 줄을 타고 올라와서 안방의 베란다 창문으로 들어 왔는데 매우 위험해서 목숨을 건 모험이 아닐 수 없었다.

다행스럽게도(아저씨 입장) 우리집에는 아저씨가 좋아할 물건이 좀 많이 있는 편이었다. 평소에 귀금속에 관심이 많던 나로서는 여러 종류의 액세서리 겸 귀금속을 소유하고 있어 남편이 말하기를 "당신 그거 너무 많이 만들지 마! 다 도둑거야" 나는 이렇게 대꾸했다. "걱정 마세요! 아저씨가 갖고 갈 때까지만 내 것이라 생각할게요" 이 말을 아저씨들이 어디서 엿들은 걸까.

어느 날 저녁 식사를 하러 우리가족이 1시간 남짓 외출하고 돌아왔는데 집 대문이 열려 있었다. 기분이 이상했다. 아이들 방이 어질러져 있고 안방은 처음부터 끝까지 다 파헤쳐 져 있었다. 내 패물 일체를 가져갔다.

일생을 통해 나처럼 도씨 아저씨와 친근하게 지내는 사람도 없을 것 같다. 우리 친정집은 주택이어서 지금까지 세 번이나 아저씨들이 다녀가서 나중에는 대문 앞에다 "이제 가져갈 것 없음"이라고 방을 써 붙이라고 할 정도였다. 이 말도 아저씨들이 들었는지 그 이후에는 안 들어 오셨다. 아저씨들은 자기들끼리 조합 같은 것이 있어 정보를 교환하는지도 모르겠다. 우리집에도 이제는 들어오실 필요가 없음을 지면을 통해 밝힌다. 왜냐하면 아끼던 패물을 모두 잃어버린 나는 전의를 상실하여 지금까지 값나가는 것은 전혀 소장하지 않고 있기 때문이다.

아저씨가 다녀간 후 경찰 아저씨들이 오셨고 특히 감식반 아저씨들이 전문기구들을 갖고 오셔서 집안에다 펼쳐 놓고 조사를 하기 시작했는데 텔레비전 드라마에서 보던 과학수사 그 자체였다. 갑자기 우리 아이들은 도둑이 들었다는 사실은 까맣게 잊은 채 감식반 아저씨들의 작업광경을 신기하게 지켜보다가 이것 저것 만져보면서 참여하기에 이르렀다. 마치 자기가 수사요원이 된 것처럼. 이러한 분위기는 모두를 위축했던 두려움에서 진지한 탐색작업으로 대치되었다. 순간 우리집은 드라마를 찍는 세트장이 된 것 같았다. 여기 저기에서 지문 채취를 하고 발자국을 보존하고 물건들을 검색하는 등등. 수사대 아저씨들의 노력과 경찰 아저씨들의 오랜 잠복근무에도 불구하고 도씨 아저씨들의 소식은 아직도 감감하다.

나는 가능한 한 빨리 물건에 대한 미련을 떨치고, 정말 필요한 사람 손에 들어갔으니 그 사람을 위해 가장 유용하게 쓰일 것이라 믿으며 위안 받기로 하였다. 물건 잃은 것도 아까운데 마음까지 잃을 수는 없는 노릇이었다. 세상에서 소유함이란 얼마나 한정된 순간만인가를 다시 한 번 깨달았다. 또 하나는 큰 사건이 일어날 때마다 부모들이 더 두려워하거나 호들갑을 떨면서 오버하지 말았으면 한다. 짐짓 놀란 가슴을 속으로는 쓸어내릴지언정 겉으로는 별일 아닌 척 유머를 잃지 말았으면 좋겠다. “이 아저씨들 다이아만 훔쳐갔네. 큐빅 박힌 것은 다 놓아두고 역시 아저씨들은 프로야”, “이제 우리집 현관에다 ‘이전 아저씨가 다 가져

갔음'이라고 붙여놓자".

기억하세요

아이들을 키우다 보면 복병처럼 예상치 못한 일들이 일어나는데 그럴 때 부모님들이 먼저 당황하여 감정적으로 행동하면 아이들의 혼돈이 가중될 수 있습니다. 문제가 발생했을 때 먼저 문제를 해결하는 데에 초점을 맞추면 좋겠습니다. 문제해결적인 사고는 감정적인 부분들을 자연스럽게 누그러뜨릴 수 있으니까요.

EQ 높은 아이가 승리한다

지금까지는 IQ가 높은 아이들이 학교에서 공부도 잘하고 좋은 대학 들어가 사회에서 성공적인 지위를 누린다고 생각해 왔지만 이제는 EQ(정서지능)가 높아야 성공할 수 있음을 알아야겠다. 왜냐하면 IQ는 출세와 성공의 20%를 예측하지만 EQ는 80%를 예견하기 때문이다.

미국의 메이어와 샐로비 교수에 의해 '정서지능'이라는 용어가 처음 사용되었는데 "정서지능이란 자신과 타인의 정서를 평가하고 표현할 줄 아는 능력, 자신과 타인의 정서를 효과적으로 조절할 줄 아는 능력 그리고 자신의 삶을 성취하기 위해 그런 정서를 활용할 줄 아는 능력"이라고 정의내리고 있다.

대니얼 골먼의 '정서지능'라는 책은 클린턴 대통령이 힐러리 여사에게 읽어 볼 것을 추천해서 유명해 졌는데 여기서 그는 정서지능을 5개 영역으로 설명하고 있다. 먼저, 자기인식은 자신이 느끼는 감정을 인식하고 재빨리 알아차리는 능력으로 정서지능의 초석이 된다. 둘째, 자기조절은 인식된 자신의 감정을 적절하게 통제할 수 있는 능력이다. 셋째, 자기동기화는 어려움을 참고 자신의 성취를 위해 노력할 수 있는 능력이다. 넷째, 타인이 느끼는 감정을 자신의 것처럼 느끼면서 타인의 감정을 파악하는 능력이다. 다섯째, 대인관계 기술은 인식한 타인의 감정에 적절하게 대처할 수 있는 정서표현 능력을 말한다(문용린, 1996).

IQ는 일정 나이가 되면 더 이상 높아지지 않고 개발시키는 데도 유전적 한계가 있지만 EQ는 노력을 통해 계속적이고 지속적으로 증가시킬 수 있다는 점에서 교육적 가능성이 높다. 머리 좋고 IQ 높은 아이들이 사회에 나가 잘 적응하지 못하고 만족한 삶을 꾸리지 못하는 이유를 EQ의 부족으로 설명하면 설득력 있을 것 같다.

이제는 공부를 잘하는 것과 열심히 하는 것을 구별해야 할 시대가 왔다. 결과론적으로 공부 잘하는 아이를 무조건 칭찬하고 대우하기보다 열심히 하는 아이를 더 인정해야 한다는 것이다. 이 아이는, 자신이 계획한 삶을 성공적으로 변화시키기 위한 노력을 통해 언젠가는 성취해 낼 것이기 때문이다.

엄마들은 항상 이렇게 말한다. “우리 아이는 머리가 나쁜 게 아니에요. 노력을 안 해서 그래요” 또는 “우리 아이는 머리는 좋은데 집중력이 떨어져서 그래요”, “공부하겠다는 의지가 없어요”와 같이 ‘노력하지 못하는 것’, ‘집중력이 없는 것’, ‘학업에 동기화가 되지 못한 것’ 등이 바로 EQ와 직결되는 능력임을 알아야 한다. EQ가 높다는 것은 IQ를 실현 가능한 것으로 만들어줌을 의미하는 것이다. 하기 싫은 것을 참고 인내하면서 끝까지 해내는 능력, 자신의 감정을 다스리고 절제할 수 있는 능력, 자신의 정서를 표현할 줄 아는 능력, 다른 사람의 감정을 헤아릴 수 있는 능력은 타고 난다기보다는 생활 속에서 연습과 훈련을 통해 학습되어지는 것이다. 부모님들이 아이들을 위해 진정으로 노력하고 길러주어야 할 것은 IQ를 높여 영재로 만드는 것이 아니라 EQ를 높여 자신의 능력을 현실에서 실현할 수 있도록 하는 것이다. EQ가 밑받침되지 않은 어떤 영재성도 그것을 펼치기 전에 시들어 버릴 수 있기에….

다음에서는 자녀의 EQ를 높이는 데 도움이 되는 구체적 방법을 소개하고자 한다(문용린, 1996). 첫째, 자녀들로 하여금 부모나 형제자매 등 가족구성원들의 표정과 감정 그리고 속마음을 읽는 연습을 시키도록 하자. 둘째, 화, 분노, 질투, 충동, 조바심 등이 일어날 때 그런 감정을 어떻게 처리하는 것이 좋은지 토론하고 사례를 통한 예행연습을 시켜보자. 셋째, 동화, 소설, 영화 속에 나타난 관심 있는 인물의 정서처리능력과 방법에 대해 분석해보고 표현해보자. 넷째, 자녀들로 하여금 스스로의 정서표현, 조절, 활용의 경험을 개발하고 실천하게 해보자.

아들아이가 어릴 때 「망나니 곰」이라는 동화를 읽어 주었다. 동화의 내용은 곰이 너무 자기만 알고 친구들과 다른 생명체를 괴롭히다가 본인은 더 큰 고통을 당하게 되는 이야기였다. 아들아이가 친구들과 나누어 가지는 것을 힘들어 하거나 이기적이고 친사회적이지 못한 행동을 보일 때 그 동화내용을 떠올리면서 "네가 그렇게 하면 ○○는 기분이 어떨까?", "친구가 그렇게 했을 때 너는 무슨 생각이 났지?", "너는 어떤 느낌이 들었니?", "모두 다 기분이 좋아지는 방법은 없을까?"라고 토론하면 아이가 상황을 쉽게 받아들이면서 자신의 욕구를 조절해야 하는 동기를 얻곤 했다.

기억하세요

요즈음은 보통 한 자녀나 두 자녀 가정이기 때문에 아이들이 다른 사람을 배려하면서 자신의 감정을 조절하는 훈련이 잘 안 되고 있습니다. 따라서 이 훈련이 부족한 아이들은 이기적이고 자기중심적인 방법으로 사회적 관계를 맺기 때문에 많은 부작용들이 나타나고 있습니다. 평소에 자신과 타인의 정서를 올바로 인식하고 대처할 수 있는 능력을 기른다면 다른 사람의 마음을 얻을 수 있겠지요.

에릭슨의 발달단계를 알자

독일의 심리학자인 에릭슨은 인간의 발달을 평생 동안 8단계로 나누고 매 단계마다 성취해야 할 발달과업과 극복해야 할 위기를 개념화 하였다. 에릭슨의 발달단계는 인간이 성장해 가는 데 있어 아이들 뿐 아니라 성인에게도 많은 시사점을 내포하고 있다.

제1단계는 생후 1세까지의 기간으로 이 시기에 이루어져야 할 주요 과업을 알아보면 '신뢰감 대 불신감'이다. 이 시기는 영아들이 자신을 돌보아 주는 성인과 적절한 애착관계를 형성하면 신뢰감이 생기고 애착을 형성하지 못하면 불신감이 생기게 된다. 즉, 아기가 경험하는 첫 세상이 신뢰감을 주는가 아니면 불신감을 주는가 하는 문제이다. 예를 들어, 아기가 배고파할 때 바로 젖을 주고 기저귀가 젖었을 때 갈아주고 예뻐서 말을 걸어 주는 것과 같은 애정 어린 보살핌을 즉각적으로 받은 아기와 아기의 반응에 무관심하고 아기의 욕구에 전혀 응답하지 않는 보살핌을 받은 아기의 세상을 향한 느낌은 상반될 수밖에 없다. 이 아기들이 형성한 신뢰감과 불신감은 앞으로 인생을 살아가면서 맺게 되는 모든 사회적 관계에 깊은 영향을 주게 된다.

제2단계는 '자율성 대 수치심'으로 2세에서 4세경이다. 이 시기의 가장 큰 과업은 대소변 가리기로 이것을 성공적으로 수행한 유아는 스스로에 대한 독립심이 생겨 자율성의 기초를 형성하게 되지만 실패한 유아는 수치심을 느끼게 된다. 유아들이 대소변을 가리기 위해서는 대소변을 관장하는 괄약근이 성장해야 하는데 이 시기는 생후 18개월쯤이라고 의사들이 밝히고 있다. 그 이전부터 대소변 훈련을 시키는 것은 아기들에게 엄청난 부담을 안겨줄 뿐 아니라 계속적인 실수가 자신감 상실로 이어져 나중에는 수치심까지 느끼게 된다는 것이다.

유아들이 태어난 지 18개월을 전후하면 자기의 대변이나 소변을 의식하면서 반응을 보이기 시작할 것이다. 소변보다는 대변에 더 빨리 반응하는 편이다. 유아들은 대변을 보고 나면 기저귀를 만지거나 엄마에게 다가와 무엇인가 신호를 하고 싶어 한다. 자신의 대변을 처리해 달라는 의사표시를 하는 것이다. 이때가 바로 훈련을 할 적절한 시기라고 할 수 있다. 그러면 엄마는 소변을 누이는 연습부터 시작한다. 아기가 잠을 자고 난 후는 기저귀를 빼고 변기에 앉혀 소변을 볼 수 있도록 유도해 주고 여름이 다가오는 계절이면 기저귀를 채우지 말고 아기가 빨리 변기에 갈 수 있도록 해준다. 이때 주의할 점은 유아가 실수로 대소변을 바닥이나 옷에 했을 때는 당연하게 받아들이고 만약 성공했을 때는 박수를 치면서 칭찬을 많이 해주어 스스로 큰일을 했다는 성취감을 고취시켜 준다. 배변연습이 편안한 분위기에서 이루어지지 못하고 엄격하고 강압적인 훈련이 되면 아기를 강박적으로 만들어 사랑, 돈, 시간, 노력에 인색하거나 소심한 성인으로 자라게 할 수 있다.

제3단계는 '주도성 대 죄책감'으로 4세에서 5세에 해당된다. 이 시기 유아들은 호기심이 많고 질문에 대한 해답을 스스로 발견하면서 주변 환경을 탐색하는 가운데 자신의 행동을 주도하려는 욕구를 나타낸다. 예를 들면, 무엇이든지 자기가 하겠다고 나서지만 실제 제대로 할 수 있는 것은 별로 없다. 운동화 끈을 맨다든지, 옷을 잠근다든지, 동생을 돌본다든지 등의 생활 전반에 걸쳐 상황을 주도하고 싶어 한다. 이때 성인이 유아의 행동을 지나치게 제지하면 자신감을 잃고 자신이 나쁜 짓을 한다는 죄책감에 빠질 수 있다. '안 되는 것'은 '왜 안 되는지'에 대한 부드러운 설명과 일관성 있는 제재가 필요하고 자신이 주도한 행동에는 책임이 따른다는 것을 알게 해준다. 이 시기에 유의할 점은 유아들이 스스로 해 볼 기회를 완전히 차단하는 부모가 되어서는 안 된다는 것이다. 어린이 집에는 가끔 부모가 맞벌이일 경우 아기를 돌보는 아줌마가 아이 스스로 숟가락을 들고 밥을 먹으면 다 흘리고 다른 것도 잘하지 못해 일거리를 많이 만드니까 아줌마가 처음부터 끝까지 다 해주어 학교갈 때까지 혼자 힘으로 숟가락질을 못하는 아이도 있었다.

이 시기의 또 다른 특징은 외디푸스 콤플렉스인데 이것은 이성 부모를 사모하여 동성부모를 적대시하는 심리적 현상이다. 예를 들면, 이 시기의 유아들은 흔히 "나는 커서 아빠랑 결혼할 거야" 또는 "나는 엄마랑 결혼하고 싶어", "엄마는 내거니까 아빠랑 자지마"와 같은 말을 하는데 자연스러운 발달의 단계이니 "어머 망측해라! 애가 왜 이래"와 같은 반응을 보이지 말고 "엄마는 아빠와 이미 결혼했으니 너랑 또 못하는데 어떡하지?"라고 부드럽게 말해준다. 아이가 성장함에 따라 멋지고 근사한 또래들을 만나게 되면 이런 현상은 자연히 사라지게 된다.

제4단계는 '근면성 대 열등감'으로 6세에서 12세에 해당된다. 이 시기는 아동이 가정을 떠나 처음으로 학교라는 기관을 통해 사회적 관계를 형성하면서 자신의 지적 능력을 개발하는 시기이다. 친구들을 통해 자신의 의미를 발견하고 교우관계에서 무엇인가 주도적인 역할을 담당하고 인정을 받으면 자신감을 얻고, 노력해서 성취하고자 하는 근면성을 개발하게 된다. 반면 학교생활에 적응할 준비가 되지 못하여 실수를 반복하거나 친구들과 비교하여 스스로 못하다고 여기면서 자신감을 상실하면 열등감을 느끼게 된다. 부모와 성인들은 아이들에게 적절한 과업을 주고 그것을 이루는 과정에서 자신에 대한 가치감을 느끼면서 근면성을 개발할 수 있도록 도와준다.

제5단계는 '정체감 대 정체감 혼돈'으로 13세에서 18세 시기이다. 이때는 신체가 급격히 변화할 뿐 아니라 아동기와는 다른 학교생활로 사회적인 요구도 완전히 새로워진다. 따라서 아동기에 가졌던 가치관이 흔들리면서 세상에 대처하는 방법 등에 당황하고 "나는 누구인가?"와 같은 정체성을 묻는 고민과 갈등이 증폭된다. 이러한 문제가 해결되지 않으면 청소년들은 심리적으로 방황하면서 연예인이나 가까운 친구, 영웅들을 맹목적으로 동일시하거나 충성을 다하는 미성숙한 모습을 보여준다. 이때 청소년들은 학업과 인생의 혼돈을 달래기 위한 수단으로 술과 담배를 선택하는 일탈을 보여주기도 한다. 반면 자신에 대한 확고한 가치관을 정립하고 인생의 목표를 발견한 청소년들은 건전한 성인으로 자라나게 된다.

제6단계는 '친밀감 대 고립감'으로 19세에서 25세에 해당한다. 이 시기는 청년기에서 장년기로 넘어가면서 이성에 대한 친밀감을 느끼고 궁극적으로 배우자를 선택하게 되는 시기이다. 청년기에 자아정체감이 확립되지 못한 사람은 비이기적인 방법으로 다른 사람과 감정과 가치관을 교류하는 사회적 친밀감이 형성되기 어렵다. 여기서 친밀감이란 이성과 성(性)에 대한 것 뿐 아니라 가족과 사회 전반에 걸친 대인관계에 해당되는 것으로 결혼생활과 직장생활을 성공적으로 수행하는 데 결정적 역할을 한다. 이 시기에 정상적인 친밀감을 형성하지 못한 성인은 사회적으로 위축감을 느끼게 되어 스스로를 소외시키고 고립감에 빠뜨리는 결과를 초래할 수 있다.

제7단계는 '생산성 대 침체감'으로 26세에서 40세에 해당한다. 결혼한 부모가 아이를 낳아 기르면서 사회의 전통과 가치관을 전달하고 건강한 사회인으로 성장할 수 있도록 양육하는 가운데 생산성을 획득하는 시기이다. 또 사회활동에 참여함으로써 사회적 업적을 통해 생산의 보람을 느낄 수 있다. 그러나 이 시기에 다음 세대나 사회에 관심을 두지 않고 자신의 물질을 축적하거나 가족의 안녕에만 몰두하게 되면 타인에 대한 책임감이 결여되어 더불어 사는 보람보다는 허무감에 빠지게 된다. 이것은 우울함과 침체감을 동반하여 결혼생활의 파경이나 이혼, 불륜과 같은 사회문제를 낳게 된다.

제8단계는 '자아통합감 대 절망감'으로 41세 이후부터 생을 마감하기 전까지 기간으로 마지막 노년기를 포함한다. 이 시기는 자신의 일생을 돌아보면서 보람을 느끼고 의미 있는 인생을 살았다고 인정받으면서 노년의 지혜를 터득하면 자아통합감에 도달한다. 하지만 은퇴 후 경제적이나 신체적으로 무기력해지면서 자신의 인생이 무의미하다고 느끼면 절망감에 빠진다. 절망감에 도달한 이들은 죽음에 대한 공포와 고독감 속에서 인생을 끝마치게 된다.

이상의 발달단계는 고정되어 불변하는 것이 아니라 전 단계에서 부족한 부분이 있었다면 이후 다른 단계에서 보상하거나 회복할 수 있으므로 지나간 잘못에 연연하지 말기를 바란다. '마지막 8단계를 어떻게 맞이하는 노년이 될 것인가'야말로 우리 모두에게 해당하는 존재론적인 도전임을 기억했으면 한다.

기억하세요

인간발달을 평생 동안 8단계로 나누고 매 단계마다 성취해야 할 과업과 극복해야 할 위기를 개념화 한 에릭슨의 발달단계는 인생의 의미에 대한 통찰들로 가득합니다. 성장기에 이루어야 할 과업과 경험해야 할 애착이 충분하지 못하면 이후의 삶이 지속적인 결핍과 부정적인 영향에서 벗어나기 어렵습니다. 그래서 역기능 가정에서 자라난 사람들은 결혼하여 다시 역기능 가정을 만들 수밖에 없는 악순환의 고리를 만들게 됩니다.

5 장

신의 사랑을 먹고 크는 아이

20대 말에 하나님을 믿기 시작해서 30대 초반에 예수님을 만난 후 나의 삶은 영적으로 업그레이드되는 도약이 일어났다. 그동안 살면서 이루어 온 어떤 성취보다도 '예수님을 만났다'는 사실 하나만으로 내 인생이 성공했음을 감히 선언할 수 있다. 내가 지금까지 기술했던 자녀 양육법의 상당부분은 지식적이고 학문적이지만 이것을 실행하는 순간순간 주님의 지혜가 함께 하였음을 고백하지 않을 수 없다. 주님이 계시지 않았던들, 현실과 일치하지 못하고 때때로 상반되기까지 하는 이론적 지식들을 생활에서 적용하지 못했을 것이고, 의롭고 바름에 대한 손가락질을 견디지 못했을 것이다. 또 교육학이라는 전공이 해결해 주지 못하는 산적한 자녀문제 앞에서 기도한 날은 얼마나 많았던가.

내가 이루었던 업적이나 성공적인 결과들은 내 삶의 구석구석까지 관여하시는 주님의 은총 때문이었고 내가 잘못했거나 이루지 못한 것들은 신앙적이지 못한 나의 인간적인 부족함과 미성숙 때문임을 고백한다.

나와 우리 아이들에게 이렇게 좋으신 하나님을 소개하지 않을 수 없기에 여기 마지막 장에 그 고마움을 써볼까 한다.

내 안에 살아계신 주!

나의 친정집은 유교를 숭상하고 전통을 자랑하는 할아버지를 모시고 살았다. 우리 할아버지는 내 유년시절이 끝날 때까지 상투를 고집하셨고 손자들에게는 '하늘 천, 따지'의 붓글씨를 가르치겠다는 사명감으로 일관하던 양반이셨다. 이렇게 뼈대 있는 가문의 딸인 관계로 나는 교회 같은 데는 얼씬도 못하는 분위기에서 성장했다. 대학교 1학년 때 매주 월요일이면 의무적으로 채플(아침예배)을 드려야 학점을 인정받는 미션스쿨이어서 기독교에 대한 거부감이 증폭되었다. 하나님에 대한 아무런 관심도 없이 강제적으로 드려야 하는 예배의 당위성을 받아들일 수 없는 곤혹스러운 시간이었다.

그 당시 내가 경험한 교회는 시골에 놀러갔을 때 크리스마스에 선물 받으러 나갔던 것이 전부였고 하나님은 막연하고 추상적인 존재일 뿐이었다. 대학기간 동안에도 많은 사람들과 친구들을 만났지만 예수 믿는 사람은 없었다. 아마도 예수쟁이들과는 사귀지 않았다는 것이 더 맞을 것 같다.

그렇게 예수님과는 동떨어진 생활을 하면서 결혼도 하고 딸아이도 낳아 기르던 중 같은 아파트에 사는 통장 아줌마와 친해졌는데 이 분이 엄청난 믿음의 소유자로 내 영혼구원을 위해 일년 넘게 기도하고 준비하셨단다. 어느 날 그 아줌마 원장님(어린이집 운영)께서 일요일에 교회를 가보자고 제안하는데 나는 별 거부감 없이 그냥 가보자고 했다. 그래서 처음에는 K교회를 가보고 다음에는 S교회를 가보고 또 다른 교회도 나가 보았다. 내가 제일 다니고 싶은 교회를 선택하기 위해 일요일마다 직접 예배를 드리러 다녔다. 각 교회마다 나름대로 개성과 독특한 분위기가 있었는데 나는 결국 K교회를 선택했다. K교회에서 예배드리던 첫날 이상한 편안함을 느꼈고 예배 동안 내내 주체할 수 없는 눈물을 흘렸다. 나의 신앙생활은 이처럼 평탄하게 시작되었고 예수님의 앉아 있는 뒷모습을 꿈에서 보기는 했지만 예수님과 인격적인 만남이 이루어지지 못한 채 성령체험 없는 건조한 초신자의 생활이 4년간 이어졌다. 그때 나는 진정으로 변화되고 싶었다. 나를 전혀 사랑하지 않았기에 나를 사랑하고 싶었고 사는 것이 행복하지 않았기에 행복해지고 싶었고 위를 쳐다보고 항상 부족하다고 느끼기에 충분하고 싶었다. 자신에 대한 자부심과 엘리트 의식이 삶의 원동력이었지만 어떤 만족감도 가져다주지 못했다. 항상 무언가 모자라고 허무했다. 당시 기도제목은 "하나님 나 좀 변하게 해주세요"였다. 기도할 때는 가슴이 답답하고 나 자신이 불쌍하고 슬퍼서 눈물도 많이 흘렸다.

드디어 미국에서 성경공부를 하던 중 예수님께서 나를 찾아오셨고 나는 인격적으로 예수님을 영접하기에 이른다. 당시 내가 했던 성경공부의 내용은 12장으로 일주일에 한 장씩 공부하면서 실천하고 자신을 돌아보는 형식으로 진행되었는데 책의 내용이 거듭될수록 지금까지 살면서 고민하고 숙고해왔던 나 자신의 문제에 대한 해답과 변화의 방향이 구체적으로 제시되고 있었다. 하나님이 나를 위해 준비해 놓으신 특별 프로그램 안에서 내 문제들과 잘못됨과 못남과 남에게 준 상처들에 대해 영혼 깊이 회개하였고 응답받았고 치유받았다. 나는 참으로 변화되고 있었다. 흔히 예수 믿는 사람들은 3가지 '뻐', '기뻐, 바뻐, 예뻐'가 있다고 한다. 예수님을 믿으니 걱정근심이 사라져 마음이 편안하고 기쁠 수밖에 없어 '기뻐', 예배드리고 기도하고 봉사하고 성경공부하느라 생활이 바쁠 수밖에 없어 '바뻐', 마지막으로 이렇게 살다보면 은혜가 충만하여 얼굴이 환하고 예뻐질 수밖에 없어 '예뻐'란다. 나도 성령의 도우심으로 이 세 가지 '뻐'를 지닐 수 있게 된 것 같다.

당시 나는 성령체험을 통해 나의 속사람이 거듭남을 스스로도 느꼈다. 내면적으로 변화되어 내가 나를 사랑할 수 있게 되었고, 남보다 내가 특별하다는 중증의 자만심도 하나님 앞에 섰을 때 너무 초라한 도토리 키 재기였고, 내가 가지지 못한 것에 초점을 맞추기보다 가지고 있는 것들이 충분하여 차고 넘치고 있음에 감격할 수 있었다. 이 모든 것들이, 내 힘으로 바꾸고자 노력할 때는 그리도 힘들었던 이 모든 것들이 어느 날 하루아침에 저절로 이루어져 있음을 알게 되었다. 마음속에서.

그 이후부터 주님께서는 내게 수시로 찾아오셔서 말씀하시고 위로하시는 아버지, 살아서 역사하시는 하나님, 생생히 현존하시는 나의 좋으신 구세주가 되었다.

하나님의 섭리

미국에서는 유아들이 자동차를 탈 때 아기의자에 앉아 안전벨트를 매야 하는 것이 법으로 정해져 있다. 우리가 미국에 도착한 지 두 달 정도 지났을 때 아들아이는 아기의자에 앉기 싫다면서 뒷좌석 중간에 서 있었다. 이것은 아기의 안전을 생각할 때 상당히 위험한 상황이었으나 내가 뒤에 타고 있었고 가까운 거리였으므로 잠시 후면 집에 도착할 것으로 눈감아 주고 있었다. 바로 그때 교통경찰 아저씨의 호루라기 소리가 울렸다. 우리를 보고 차를 세우라는 것이었다. 우리는 놀라서 차를 세웠고 무슨 일이냐고 하니까 아이가 의자에 앉지 않아서 벌금 45달러를 내야 한다는 것이었다. 거금의 벌금을 생각하니 너무 아깝고 억울해서 여기에 온 지 얼마 되지 않아 법을 몰라서 그랬으니 한 번만 선처해 주시면 안 되겠냐고 했더니 경찰이 절대 안 된다고 하면서 범칙금 영수증을 끊어 주었다.

우리는 울며 겨자 먹기로 영수증을 받아 들었고 나는 아이에게 이 상황을 잘 설명해 주었다. 그 후 아들아이는 자기 때문에 경찰 아저씨가 왔다고 놀라고 겁이 나서 몸가짐을 조심하면서 아주 협조적으로 벨트를 매고 다녔다. 교통위반 스티커를 받은 지 만 일주일 만에 사거리 대로에서 노란불을 지나려고 속력을 내면서 달려오던 승용차가 내 차의 뒷부분을 들이 박았다. 충격이 심해 나는 안전벨트를 매고 있었는데도 핸들에 가슴을 심하게 부딪쳤고 상대방 차는 앞 본넷이 다 찌그러지고 범퍼는 완전히 망가져 버렸다. 이 상황에서 만약 아들아이가 안전의자에 앉아 있지 않았다면 앞으로 튕겨져 나가 어떻게 되었을지 알 수 없었다. 하지만 범칙금사건 후로 벨트를 열심히 매고 앉아 있던 아들아이는 안전의자가 모든 충격을 흡수해 주었기 때문에 털끝 하나 상하지 않고 앉아서 곤히 잠들어 있었다. 주님께서 아들아이를 위험에서 지켜 주기 위해 교통경찰을 미리 보내셨던 것이다.

딸아이가 중학교 일학년 때 방에 불을 켜고 자던 중 전등불이 누전되어 불이 났다. 아이가 자다가 순간적으로 눈을 떠보니 천정에서 타던 불꽃이 방바닥으로 떨어져 막 타고 있기에 일어나서 불을 끄려다 실패하여 아빠를 깨웠다. 그 사이 불이 모기장에 떨어져 침대에 붙었고 이불을 태우고 방을 다 태웠다. 나는 얼른 방문을 닫고 아이들과 함께 잠옷 바람으로 밖으로 뛰쳐나가서 도움을 요청했는데 남편은 문 밖에 비치된 소화기를 들고 차분히 사용법을 읽은 후 방문을 열고 불속으로 들어가 불을 껐다. 이 모든 일이 일어나서 끝나는 데까지 채 10분이 걸리지 않았다. 만약 딸아이가 1분만 늦게 눈을 떴다면 덮고 있던 이불에 불이 붙었고 뜨거워서 잠이 깼을 때 이미 몸은 화상을 입은 후가 아니었을까? 아뜩하다. 딸아이는 잠귀가 어두워 깊이 잠들었을 때는 옆에서 굿을 해도 모르고 잘 정도였는데 어떻게 자다가 눈을 떴을까? 주님이 아니면 누가 그 아이의 눈을 뜨게 할 수 있었겠는가?

지금까지 살면서 하루도 주님께서 지켜 주시지 않은 날은 없지만 특별히 주님의 일방적인 은혜라 할 수 있는 사건을 기억해 보면 딸아이의 고등부 여름캠프에서 일어났던 사고를 빼놓을 수 없으리. 딸아이의 여름 수련회 일정에는 동강에서 래프팅이 들어 있었는데 래프팅은 팀워크가 중요한 위험한 레포츠였다.

래프팅을 하기 전까지 비가 많이 내려 래프팅을 못할까봐 가슴 졸였는데 점심식사를 하고 나니 비가 멈추고 햇빛이 쨍쨍한 날씨로 바뀌어 그렇게 기쁠 수가 없었단다. 래프팅을 하기 전에 팀으로 모인 아이들끼리 연습을 하고 시작하는데 팀이 서로 호흡이 잘 안 맞아 조금 불안했지만 래프팅을 너무 기다려 왔기에 바로 출발했다고 한다. 래프팅을 하면서 지시하는 선생님의 목소리가 비온 뒤 물살이 거세져 잘 들리지 않았지만 자기들끼리 힘을 합쳐 열심히 노를 저었다고 한다. 그러나 팀워크가 좋지 못한 보트는 바위를 지나가던 중 완전히 뒤집혀지는 사고로 발전했다. 배에 탄 아이들 전원이 물에 빠졌고 대부분 바로 구출되었으나 딸아이와 남자아이 한 명만 구출시기를 놓친 채 떠내려가게 되었다. 남자아이는 조금 떠내려가다가 구출된 반면 딸아이는 구출팀이 접근하기 힘든 곳으로 떠내려가고 있어 구출되지 못하고 계속 흘러가게 되었다. 그 와중에 딸아이는 당황하지 않고 침착하게 사람들이 소리치는 말을 알아듣고 그대로 행동했다고 한다. "발을 들어올려!", "몸에 힘을 빼!"

래프팅을 하는 강물은 물살이 거셀 뿐 아니라 바위가 많아서 떠내려가는 동안 몸을 움직이면 여기저기 부딪쳐서 매우 위험한

상황이 되기 때문에 사람들이 몸에 힘을 빼라고 일러준 것이다. 딸아이는 그렇게 100미터 이상을 떠내려가면서 물이 코와 입으로 들어가고 아무 것도 손에는 잡히는 것이 없는 가운데 죽을 것만 같아서 하나님께 기도했다. “도와주세요! 살려주세요!” 갑자기 멀리서 “앞을 봐! 조심해!”하는 소리가 들려서 보니 강물이 돌아가는 소용돌이에 접근하고 있었다. 소용돌이에 거의 다가갈 무렵 극적으로 어떤 라이프가드 아저씨가 헤엄쳐 와서 건져주었다고 한다. 그 아저씨 왈 “조금만 늦어서 소용돌이 속에 들어가면 구할 수 없었을 텐데 천만다행이라고.”

아이가 떠내려갈 때 다리를 지나가던 사람들까지 자동차를 세우고 안타까움에 소리를 치고 선생님들은 너무 놀라 말을 잃은 채 발만 동동 구르고 캠프장이 온통 아수라장이 되었을 때쯤 구출되어 나온 딸아이의 반응은 기상천외한 것이었다. “나 지금 래프팅을 다시 시작하게 해주세요!” 사람들이 “너 괜찮니? 다친 데 없어? 무섭지 않아?” 딸아이는 지금 바로 다시 시작해서 성공적으로 래프팅을 마치지 않으면 물에 대한 공포감을 영원히 극복할 수 없을 것 같은 두려움이 엄습했다고 한다. 그래서 모든 사람의 만류에도 불구하고 다른 팀에 합류하여 래프팅을 다시 시작했고 무사히 끝마치는 역사를 이루어 캠프에 참가한 모든 사람들에게 충격적인 인상을 남겼다. 나중에 이야기를 전해 들었을 때 나도 엄청난 충격을 감당하기 힘들었다.

“너 그때 다시 보트탈 때 안 무서웠니? 어떻게 그렇게 다시 도전할 생각을 할 수가 있니?” 하고 연거푸 질문을 해대니 딸아이는 “처음에 보트에 다시 오를 때 손발이 떨리고 물소리가 귓가에 울리는 것 같아 몹시 두려웠지만 스스로에게 용감해지자 나는 해낼 수 있다”라고 이를 악물었고 래프팅을 마치고 나니까 물에 대한 두려움이 가시면서 래프팅을 원하는 만큼 즐길 수 있게 되었다고 한다. 두려움에 맞서 정면 돌파를 해 낸 것이었다. 내가 정작 놀란 것은 아이가 물에 빠졌다가 살아난 것이 아니라 물에서 건져지자마자 바로 재도전을 시도할 용기가 어디서 나왔는가 하는 불가사의함이었다.

이 일이 있고 난 후 딸아이는 교회에서 유명인사가 되었고 사람들의 입에서 입으로 전해지는 역사가 되었다. 나중에 이 일은 영어로 원고화되어 ‘영어말하기 대회’에 출전하여 입상하는 업적을 낳았고, 대학입시에 제출하는 ‘자기소개서’에 깊은 인상을 남기는 자기소개 작성원고가 되었다. 모든 것이 협력하여 선을 이루는 하나님의 섭리와 역사는 시간이 지나야만 은혜로 예비된 것임을 이해하게 되는 것 같다.

주일학교에서 배우기

나는 주일학교에서 9년간 교사로 아이들을 섬기는 봉사를 했다. 봉사를 시작한 것은 하나님께서 조건 없이 나를 구원해주시고 불러주셨던 사랑이 감사해서 주님을 위해 아무것도 하지 않을 수 없어 시작한 것이었다.

혹시 교회를 다니면서 자녀들을 주일학교에 보내지 않거나 주일학교를 믿지 못하는 부모님들이 계시다면 주일학교 교사들은 무보수로 하나님에 대한 헌신만으로 자발적으로 봉사하고 있음을 밝혀둔다.

주일학교를 하면서 9년간 나 자신과 지켰던 기본 학습방침은 세 가지였다. 내게 맡겨진 아이들을 위해 매일 기도하기, 주중에 전화로 심방하여 아이들과 개인적으로 상호작용하기, 생일선물 챙기기. 여기에 일 년에 한 번씩 내가 가르쳤던 아이들 모두를 집으로 초대하여 같이 점심먹고 아이들 손으로 직접 쿠키를 굽고 빵을 만들어 집으로 가져가는 행사를 치렀다. 특별히 아이들이 이 행사를 좋아해서 다른 학년으로 올라가 교사가 바뀐 아이들도 이 날을 손꼽아 기다리곤 했다. 한번 가르쳤던 아이들은 학년이 바뀌어 내가 더이상 담임교사가 아니어도 가끔씩 전화를 해 안부를 물으면서 멀리서 커가는 모습을 지켜보았고 아이들도 내가 있는 교실을 수시로 찾아왔다. 이렇게 우리는 서로를 잊지 못하는 사랑을 했는데…. 이제는 내가 교회를 옮기는 바람에 이것조차 가능하지 못하게 되어 마음이 아프다.

주일학교에서 가르치는 동안 사람들은 우리 반을 '특수반'이라고 불렀다. 처음에는 '문제아반'이라고 부르기에 내가 '특수반(특별한 관심과 사랑과 기술을 필요로 하는 반)'이라고 불러 달라고 했다. 우리 반은 대부분이 마음에 상처를 많이 받아 몹시 공격적이거나 산만하거나 타인에게 마음의 문이 닫힌 그런 아이들이었다. 이 아이들을 처음 맡으면 아이들 주위환경을 유심히 살펴 문제의 원인을 밝혀내는 것이 급선무였다. 전화심방을 통하여 어머니와 아이에 대해 진지한 상담을 하고 하나님께 지혜를 달라고 매일 기도하면 아이가 가지고 있는 문제를 빨리 파악할 수 있게 되었다. 진정으로 아이의 영혼을 사랑하는 애통함으로 기도할 때는 눈물이 많이 흘렸다.

처음에 아이들을 만나면 나는 말을 아낀다. 화내거나 소리치거나 야단을 치지 않으려고. 이 아이들은 밖에서 이미 너무 많은 잔소리와 야단을 들었기 때문에 이 아이들에게 필요한 것은 야단이 아니라 칭찬이고 격려임을 주지하고 있다. 그런데 아무리 살펴보아도 이 아이들에게 칭찬거리를 찾기란 쉽지 않다. 수업이 끝나고 헤어지기 전에는 항상 아이들 한 명 한 명을 꼭 껴안아 주면서 사랑한다고 말해 주었는데 주로 상처 받은 아이들의 특징은 스킨십(신체접촉)을 매우 어색해하고 안기지 않으려고 거부하거나 버텼다. 아이들이 싫어하고 피하려 해도 나는 굽히지 않고 꾸준히 꼭 껴안아 주었고, 몇 주일이 지날 지라도 칭찬할 순간을 놓치지 않고 발견하여 아이들에게 칭찬을 해주었다. 칭찬을 받은 아이들은 자신이 가치 있는 일을 하고 있고 다른 사람을 기쁘게 해주었다는 것을 처음으로 인식하게 되는 것 같았다. 이러한 기회가 쌓임에 따라 아이들의 행동은 서서히 변화해 갔고 눈에 보이는 변화들은 나에게 벅찬 보람을 안겨 주었다. 또 이때쯤 되면 아이들은 선생님에 대한 온전한 신뢰가 형성되어 자기들이 먼저 와서 껴안아주고, 주일학교 가기 싫다고 울던 아이가 맨 먼저 일어나 갈 준비하고 부모님을 깨운다는 것이다. 당시 아이들이 내게 보여 주었던 전폭적이고 무비판적인 신뢰는 다른 어떤 곳에서도 다시 만나지 못할 것이다.

주일학교 기간 동안 박사공부를 하면서 어린이집 교사와 가정 생활을 동시에 영위하는 일인다역을 했기에 주일봉사가 매우 무리하게 여겨졌으나 내 능력으로 이 모든 것들을 해낸 것이 아님을 밝히고자 한다. 주일학교에서 만났던 아이들이 주었던 기쁨과 사랑을 공급받았기에 가능했고, 봉사의 순간순간을 채워주셨던 주님의 능력을 체험하였기에 가능했고, 내가 헌신하고자 했던 봉사가 무색할 정도로 10배, 100배 갚아 주셨던 성령충만함이 함께 하였기에 주중의 생활조차 에너지로 흘러 넘쳤음을 고백한다. 이것은 봉사의 생활을 해본 사람만이 경험하는 종류의 기적임을 다시 한 번 고백한다.

주님과 한 약속은 꼭 지켜야 돼요

딸아이가 고등학교 1학년 때 시험을 일주일 쯤 앞둔 어느 날 국사 교과서를 잃어버리는 일이 발생했다. 교과서를 아무리 찾아도 없고 친구들에게 물어보아도 간 곳이 없어 며칠을 고민하면서 찾던 중 시험공부할 시간이 촉박하여 절박한 가운데 처음으로 서원을 하게 된다. "주님! 이 책 찾게 해주시면 교회에서 하는 뮤지컬 공연에 참가하겠습니다."

교회에서 공연을 준비하는 뮤지컬은 현직 프로듀서의 연출과 감독으로 수준이 너무 높아 아마추어들이 출연하기에는 무리한 연습의 강도 때문에 모두 주저하면서 피할 수 있으면 피해 보려던 참이었다. 이러한 시점에서 감히 서원을 한 것이다. 마음속으로 서원을 한 지 한 시간도 지나기 전에 다른 반 학생이 딸아이의 국사책을 들고 주인을 찾아 주려고 나타났다니 신기할 뿐이었다. 집에서 이야기를 들은 나는 가슴이 철렁 내려앉았다. "너 도대체 어떻게 하려고 서원을 했니? 서원한 것은 100% 지켜야 한다는 거 알지!", "엄마! 나도 하고 싶어서 한 게 아니야. 갑자기 마음속에서 서원을 하면 책을 찾을 수 있을 것 같은 강한 느낌이 들었어. 하나님이 시키신 것 같아."

책을 찾아 주셨기에 딸아이는 꼼짝없이 뮤지컬 연습 강행군에 동원되었다. 거의 매일 몇 시간씩 연습을 하고 주말에는 교회에서 살다시피 하고 아이는 몸이 뻣뻣하여 구박받는다고 집에서까지 연습을 해대는 지옥훈련이었다. 연습이 장기화되면서 아이의 시험기간과 연습기간이 겹쳐 학교성적에까지 막대한 영향을 주기에 이르렀다. 나는 몹시 못마땅해 하였고 행사에 대해 불평하는 마음이 많이 생겼지만 서원의 막중함을 알기에 꾹 참고 있었다.

힘들고 힘든 연습을 끝낸 후 이틀에 걸친 뮤지컬 공연은 성황리에 막을 내렸다. 딸아이가 나오는 장면은 물론이거니와 다른 아이가 나오는 장면도 연습의 노력과 혹독함을 잘 알고 있던 나에게는 커다란 감격과 감동으로 다가왔다. "이렇게 훌륭하고 멋지게 보여주려고 그런 고된 시간이 필요했구나" 고개를 끄덕이면서 아이들이 대견하여 눈시울이 붉어졌다.

뮤지컬 행사를 치르면서 나의 인간적인 생각과 염려에 부끄러움을 느꼈다. 모든 것을 주관하시는 하나님의 섭리를 믿지 못하고 인간적으로 계산하고 점수를 염려하면서 신앙적으로 내어 맡기지 못한 나의 믿음이 한없이 부끄러웠다. 이제 와서 다시 돌아보아도 딸아이의 성적은 고등학교 3년을 통틀어 그때가 가장 높은 점수를 받았다고 하니 주님께서는 무엇이든지 거저 받으시는 분이 아님을 다시 보여주신 것이다.

사람들은 때때로 서원을 한다고 한다. 주로 "자녀를 ○○대학에 입학시켜 주시면 무엇을 하겠습니다. 또는 사업을 잘되게 해 주시면 무엇을 하겠습니다"와 같은 절박한 문제에 부딪쳤을 때 주님과 약속을 한다는 것이다.

나는 지금까지 서원을 한 적이 없다. 이것은 서원을 할 만큼 절박한 문제가 없었다기보다는 주님과 서원한 것을 완벽하게 지켜야 한다는 중압감을 스스로 견디지 못하기 때문이었고 내 삶 가운데서 주님이 내게 원하시는 것을 나도 원하고자 했기 때문이다. 얼마 전 나의 간절한 기도가 거절로 응답받고 길을 끝까지 열어 주시지 않아 절망의 밑바닥까지 내려갔을 때는 그렇게도 두려워하던 서원도 할 수 있을 것 같았지만 그런 마음을 주시지는 않았다.

시간이 지날수록 신앙생활을 한다는 것은 내 뜻을 하나님께서 이루어 주시도록 간구하는 작업이라기보다 하나님께서 나를 향한 뜻이 무엇인지 묻고 진정 하나님께서 원하시는 것을 나도 원할 수 있도록 간구하는 작업임을 어렴풋이 알 것 같다.

꿈 이야기

딸아이는 초등학교 4학년 여름 수련회에서 예수님을 만나는 체험을 하였다. 기도하는 중 눈 앞에 예수님께서 양을 안고 풀밭에 서 계시는 환상을 보았다고 한다. 그 이후부터 딸아이의 신앙은 눈에 띌 정도로 뜨겁고 신실해졌다. 평소 주일성수는 기본이고 시험기간 중에 끼여 있는 주일도 꼭 지켰다. 교회봉사도 나름대로 열심히 해냈고 생활 속에 현존하시는 주님을 수시로 체험하는 신앙생활을 했다. 그 중의 하나가 꿈을 꾸는 것이었는데 나는 별로 꿈을 꾸지 않을 뿐 아니라 꿈을 꾸었다 해도 깨어났을 때 생각이 잘 나지 않거나 연결이 안 되는 영양가 없는 것인데 반해 딸아이는 예언에 가까울 정도로 논리정연한 꿈을 꾼다. 주님이 주시는 메시지 같다.

최근 친정어머니가 교회를 다니게 되었다. 가히 기도한 지 15년 만에 이루어진 일이었다. 이 일이 일어나기 전 주에 딸아이는 외할머니가 교회에 가는 꿈을 꾸었다고 나중에 말해 주었다. 참으로 정확한 꿈이 아닐 수 없어서 소름이 돋았다.

딸아이가 입시를 준비하는 과정에서는 두 번이나 꿈을 꾸었다. 한 번은 수시 지원서를 준비할 때고 나머지 한 번은 면접을 앞두고 였다. 첫 번째 꿈에서는 아이가 갈 학교의 이름을 명료히 보여주셨고, 두 번째 꿈에서는 합격의 영광에 대한 메시지를 주심으로 아이의 입시에 주님께서 철저히 개입하고 주관하고 계심을 보여 주셨다.

나는 신앙생활이 기복신앙의 수준이 되어서는 안 된다고 믿고 있기에 아이의 입시를 앞두고 특별한 기도를 하거나 간구를 하지 않았다. 이것은 내가 간절히 원하는 것이 없어서가 아니라 아무리 목숨을 걸고 원한다 할지라도 하나님께서 허락하시지 않으면 결코 이루어질 수 없다는 것을 이미 알고 있었기 때문이다. 먼저 간구해야 될 것은 주님께서 이 일을 통하여 아이에게 원하시는 것이 무엇일까? 였고, 그것이 무엇이든 간에 감사함으로 받아들일 수 있게 해 달라는 것이었다. 항상 가장 좋은 것으로 주시는 주님임을 믿기에 결과가 내가 원하는 것이 아닌 낙방이라 할지라도 온전히 순종할 수 있기를 바랐다. 실패조차도 딸아이를 위해 꼭 필요한 것이라면 하나님이 주실 것이기 때문이다. 따라서 합격을 하면 하나님께서 아이에게 길을 보여주셔서 감사한 것이고 낙방을 하면 그 길이 아이의 길이 아님을 깨우쳐 주셔서 감사하고 틀림없이 나중에 더 좋은 길을 주시기 위해 돌아가게 하시는 것이니 또한 감사할 수 있어야 한다.

우리 주위에는 예수를 믿으면 모든 일이 잘되고 복 많이 받고 인생을 성공적으로 살 수 있을 것 같아 교회에 나오는 사람들이 있다. 또 예수 믿지 않는 사람들은 거의 매일 "예수 믿는 사람이 왜 저 모양이야!"하는 비판, 예수 믿는 사람과 예수님을 동일시하는 무식함 속에서 정죄하기를 그치지 않고 있다. 평소에는 예수 잘 믿다가(?) 어려움이 닥치거나 고난에 처하면 "내가 무얼 잘못했다고 이런 일을 당하나! 하나님이 정말 계실까?"하면서 주님을 원망하고 변심하는 사람들 또한 부지기수다. 이러한 현실에서 우리 신앙의 모습은 어떠해야 하고, 그리스도의 향기를 간직할 수 있는 방법은 무엇일까?

우리 자신에게 충실하기 위해서, 삶의 본질을 추구하기 위해서 우리는 다른 사람을 비난하거나 평가할 겨를이 없다. 하나님과의 관계성 속에서 나 자신을 바로 세우고 있기도 벅차다. 어쩌면 이것이 가장 어려운지도 모르겠다. 세상을 살아가는 기준이 사람이 아니라 하나님으로 바뀌고 나면 나 자신을 숨길 길이 없어 매일 매일 투명하고 거룩해지지 않으면 안 되는 경건을 스스로에게 요구하게 된다. 이것은 주님이 내게 시키신 것이 아니라 내가 하고 싶어서 하는 것이다. 주님을 기쁘게 하기 위해서.

한번은 예수님을 모르는 사람이 나에게 이런 질문을 했다. "하나님이 살아 계시다면 왜 이 세상에 전쟁과 고아와 기아의 고통을 해결하지 않으시는 것이냐?" 아마도 나를 괴롭히거나 이래도 예수가 사랑이냐 하는 비판을 하고 싶어서 던진 질문 같았다. 나는 이렇게 대답했다. "나는 그런 거창한 질문에 답할 만큼 하나님을 알지 못합니다. 다만, 내가 만난 하나님을 얘기할 수 있을 뿐입니다. 내가 만난 예수님은 내 인생을 깊이 변화시켰고 예수님의 사랑 때문에 많이 행복합니다. 인생을 감사하면서 살 수 있게 되었습니다."

예수님께서 우리의 삶 속에서 이루어주신 일들을 다 말하는 것은 불가능하겠지만 한마디는 덧붙일 수 있을 것 같다. "우리 식구들은 예수님을 모르던 시절로 절대 다시 돌아가고 싶지 않아!"

모성애의 현주소

중학생 아들아이가 얼굴과 머리에 피멍이 심하게 들어서 들어왔다. 나는 놀라서 어떻게 된 일인지 물었으나 평소에 학교나 집 밖에서 일어난 일에 대해 일체 말이 없는 아이이기에 속 시원한 답을 들을 수가 없었다. 내 예측으로는 힘이 센 반아이가 아들아이가 한 말에 화가 나서 먼저 때리고 공격하여 자기도 반격한 것 같았다.

나는 턱이 심하게 붓고 피멍 자국이 얼굴에 선명한 아이가 입을 제대로 벌리지 못해 밥을 겨우 먹는 모습을 보고는 가해자 아이에 대한 노여움과 일의 앞뒤를 모르는 무지에 대한 두려움을 동시에 느꼈다. 내가 무엇인가를 더 알아내고자 질문을 해대면 아들아이는 "엄마 제발 좀 모른 척 해줘! 내가 다 알아서 한다니까" 성질을 내고는 입을 다물어 버렸다.

이런 상황이니 상상력이 풍부한 나로서는 답답한 나머지 특유의 상상의 나래를 펼친 소설을 쓰게 되고, 급기야 같은 반 다른 아이들에게 전화를 걸어 목격자 증언을 입수하고자 하는데 아들아이가 알까 싫어 아이가 들리지 않는 곳에 숨어서 일급비밀로 진행했다.

몇 몇 반 아이들의 증언 내용을 종합해보니 가해자 아이는 평소에 폭력을 자주 쓰고 말투가 사나워 반 아이들에게 심정적으로 거부되는 평판이 좋지 않은 아이였다. 이날 아들아이도 일방적으로 피해를 당한 처지였다. 현장조사가 끝나자 갑자기 아들을 지켜야 한다는 엄마로서 모성애가 솟구쳐 올랐다. 이대로 묻어두어서는 안 될 것 같은 성질의 문제를 해결해야만 한다는 정의감이.

그래서 담임선생님께 전화를 드렸더니 가해자 아이가 평소에 힘을 쓰고 대인관계도 원만하지 않은 것을 알고 있다며 그 아이의 환경에 대해 말씀하셨다. 아버지는 초등학교 때 돌아가시고 어머니께서는 일 때문에 밤늦게 들어오시는 형편이었다. 물리적으로는 그 아이에게 아빠 뿐 아니라 엄마도 안 계시는 것이나 마찬가지였다. 아침은 굶고 점심은 학교에서 해결하고 저녁은 본인이 만들어 먹는다는 것이었다. 이 모든 정황을 듣고 나니 가슴이 그렇게 쓰라릴 수가 없었다. 순간적으로 모든 것을 누리고 있는 우리가 미안해졌다.

선생님과 가해자 아이는 죄송하다고 연거푸 사과했지만 진정 죄송한 사람은 우리들 아니었던가? 같은 반 아이가 어려울 때 따뜻한 말 한마디 해주지 못했고, 그들이 눈물 흘릴 때 눈물을 닦아주지도 못했고, 애정에 목말라 상대를 괴롭힘으로 표현할 때 가슴으로 감싸주지 못한 것이 쓰라렸다. 그 아이가 감당해 왔을 삶의 무게가 나를 눌렀다.

나는 그 아이에게 폭력을 쓰는 것은 어떤 이유와 명분으로도 정당화 될 수 없음을 인식시키고 다른 아이들이 자신을 좋아하게 하기 위한 방법을 발견할 수 있기를 바란다고 말해 주었다. 또 "아들이 아파하는 모습을 보는 엄마의 마음이 얼마나 아픈지 모르겠다. 힘을 쓰는 것은 다른 사람을 이렇게 아프게 하는 것이니까 나쁜 것이다. 하지만 아들아이가 당하는 아픔이 의미 있는 아픔이 되기를 바란다. 이후부터는 네가 다른 사람을 때리지 않기로 약속할 것이니까. 이제부터 너를 위해 기도할 꺼다. 기도하고 싶어졌다. 그리고 너를 믿어줄 꺼다. 이 일을 계기로 둘이 더 친한 친구가 되었으면 좋겠다"고 했다.

다음 날 새벽예배에 나가 그 가정을 위해 간구하는데 액체(눈물)기도가 되었다. "주님! 남편이 잠시 출장 갔는데도 이렇게 필요하고 부재가 불편스러운데 그 엄마는 남편 없이 계속 살고 있습니다. 남편이 옆에 있다는 사실만으로 감사하지 못한 것 용서

하여 주옵소서. 남편이 없는 사람도 있는데 무엇을 불평하겠습니까? 남편, 자식, 부모님, 직업 등등을 가졌다는 것이 세상에 얼마나 빚을 지고 있다는 것입니까? 이 빚을 갚으면서 살 수 있도록 인도하여 주옵소서."

상대를 있는 그대로 받기

우리는 누구나 마음의 틀을 가지고 있다. 보다 엄밀히 말한다면 마음의 틀에 갇혀 살아가고 있다는 편이 더 정확하리라. 심할 경우 스스로가 만든 틀이 족쇄가 되어 한 발짝도 내딛지 못할 때도 있다. 처음 예수님을 만났을 때 내 인생에서 커다란 틀들이 요란하게 무너져 내렸고 틀이 사라진 자리에 '자유로움'이 있었다. 신앙생활은 서서히 성화되는 작업이라기보다는 주님이 준비하신 때에 한 번씩 터지는 이벤트 같다는 생각이 든다.

신앙생활 초반, 심하게 붕괴된 나의 틀 사이사이에 남아 있었거나 새롭게 생성된 신앙과 윤리와 상식의 이름으로 무장한 잔잔하지만 힘센 틀에 이르기까지 셀 수 없이 많은 틀들이 주님께서 해체시켜 주실 날만을 기다리며 마음속에 자리 잡고 있다.

하나님께서는 내 틀을 사람들을 들어서 갈아내셨다. 사람은 사람으로만 다루어지기 때문이란다. 그래서 이제 사람이라면 심장에서 쥐가 난다.

아들아이가 여자친구를 만난 지 백일이 되었다고 장미 백송이를 어떻게 전달할 지 일주일 전부터 고민하다가 당일 날 점심시간을 이용해 가까운 꽃시장에서 장미를 사들고 여자친구의 반으로 가서 아이들이 보는 앞에서 전해 주었다고 한다. 평소에 키 안 큰다고 집에서는 무거운 물건을 전혀 들지 않던 아이가 수업 후 여자친구가 장미를 들고 집까지 못가니까 손수 들어다주고 헐레벌떡 집에 와서 과외하고 저녁식사도 마다하고 또 여자친구를 만나러 나갔다 밤늦게 들어오더니 밥 달라고 했다. 생후 최초로 타인에 대한 아들의 헌신을 경이로워하고 있는데 하루 종일 무더위 속에서 이리저리 뛰어다니느라 피곤했던 아이가 밥투정을 하는 것이었다. 그때 갑자기 뇌리를 스치는 생각 “이제 만난 지 백일된 여자친구한테는 이렇게 피땀 흘려 충성하고 지금까지 등골이 휘어지도록 키워준 엄마한테는 이 시간에 밥 먹으면서도 짜증이냐” 괘씸하기 짝이 없어 한마디 하고 말았다. ‘아들이 엄마에게 어떻게 해야 한다’는 틀이 위력을 발휘한 순간이었다.

지금 생각하니 “네가 여자 친구를 위해 오늘 힘든 일을 했구나. 수고가 많았다. 이제 우리아들도 다른 사람을 위해 헌신이라는 것을 할 줄 알게 되었구나. 엄마로서도 뿌듯하게 생각하는데 그 헌신 엄마한테도 조금 나눠 줄 수 있겠니?" 했더라면 얼마나 쿨했을까 하는 후회가 든다.

학교에 가서 담임선생님과 상담하는데 아들아이가 학업이 좀 쳐진다고 문제시하며 생활 전반에 걸쳐 학교규칙에 충실하지 못함을 지적하는데 교사의 틀이 강하게 느껴졌다. 모든 아이들이 모범생의 기준에 맞추어야 하고 거기에서 벗어나면 틀리게 되는 전형적인 교사의 틀, 다른 것은 곧바로 틀린 것이 되는 획일화의 틀, 다른 때 같았으면 교사의 틀 때문에 숨이 막혔겠지만 '교사는 이래야 된다'는 나의 틀이 상당히 처리된 상태이기 때문에 무리 없이 상대방의 틀이 받아들여졌다. 그리고 한 걸음 더 나아가 이렇게 선생님이 문제라고 생각하는 아들로부터 내가 얼마나 많은 것을 배우고 훈련 받았는지 감사할 뿐이라고 말해 주었다.

훈련 초창기에 모범생 중의 모범생이었던 내가 자신의 틀을 가지고 아이들을 재단하니 기가 차고 코가 막힐 노릇이었다. 학업은 차치하고 기본생활습관조차 지켜지지 않는 아이들을 들어서 주님은 내 '모범생의 틀', 주님이 싫어하시는 틀의 머리부터 발끝까지를 진저리치게 갈아내셨다. 그 결과 지금은 시험공부를 하나도 안하고 시험을 칠 수도 있고 이를 닦지 않고 등교를 할 수도 있고 학교에 지각을 자주 할 수도 있고 심지어 시험시간에도 늦을 수 있다는 것, 옷이나 머리 때문에 신경 쓰다가 학원 끝나는 시간에 집에서 출발할 수 있다는 것, 매일 늦잠 자느라 아침뿐 아니라 점심까지도 건너 뛸 수 있다는 것, 전화통에 붙어서 몇 시간을 보내느라 아무 것도 하지 못하는 것, 컴퓨터 게임이 인생에서 최우선 순위여서 하루 중 가장 많은 시간을 할애하는 것, 엄마 말은 아무리 유익한 것이라도 하기 싫으면 절대 듣지 않고 자기가 하고 싶은 대로만 하는 것, 가족끼리 정해 놓은 규칙 따위는 이제 안중에도 없는 것, '부모공경'은 지구별에서는 해당 사항이 없는 외래어인 양 무슨 말하기가 무섭게 바락바락 대들고 따지는 것 등등이 틀린 것이 아니라 나랑 다르다는 것이 인정된다.

지금까지 앞에서 기술했듯이 유아기를 건강하게 보낸 우리 아이들도 사춘기를 통과하는 동안 많은 진통의 시간이 있었음을 밝힌다. 교육학 이론이 해결해 주지 못하는 현실의 갈등과 시행착오 앞에서 교육학 박사인 나는 누구와도 상담할 수 없는 아이러니에 빠졌다. 그래서 터질 것 같은 가슴을 끌어안고 주님께 매어 달릴 수밖에 없었다.

억장이 무너져 내리는 기도시간을 통하여 주님은 나의 욕심과 자식에 대한 인간적인 기대를 산산히 부수었고 '내가 원하는 자식'의 틀과 '00이 되어 주기를 바라는 요구'를 계속적으로 내려놓게 하였다. 끊임없이 자녀들을 '존재하는 모습 그대로' 용납할 수 있도록 훈련하였다.

이제는 '상대를 있는 그대로 받기'의 뜻이 '본인의 자아가 처리된 만큼만 대상이 받아진다'는 의미임을 알겠다.

성경학교에서 생긴 일

주일학교 아이들을 돌보면서 일년 중 가장 힘든 때는 당연히 수련회 기간이다. 이 기간 동안은 '나'라는 사람은 온전히 없어지고 아이들을 섬기는 교사만이 살아나야 하기 때문이다. 요새 아이들은 교사에 대한 존경 같은 것은 사라진 지 오래고 교사의 지시사항은 따라야 할 필요가 없다고 나름대로 합의를 한 양 귓등으로 흘려버리고 저희들이 필요할 때 부리는 하인쯤으로 여기는지 "이거 해 주세요! 저거 해 주세요! 이거 집어주세요" 등등의 주문은 끊이지 않아 교사 정체성에 혼란이 온다. 참 이 아이들을 교육시키러 온 건지 수발들려고 온 건지 모르겠다.

우리 아이들은 수련회장에 도착하자마자 산과 부활동산과 마당 사이를 누비고 놀았다. 아이들은 무덤 사이를 돌아다니며 "이것은 누구의 무덤인가?" 묘비를 읽어보기도 하고 "왜 이 무덤은 큰데 저 무덤은 작을까" 고개를 기우뚱거리며 이리저리 무섭게 뛰었다. 정말 걸어 다니는 아이는 없었다. 평소 아이들이 얼마나 뛰지 못하고 살았는지 알 것 같았다. 무덤에서 이렇게 즐겁게 놀 수 있는 아이들은 아마 우리 아이들밖에 없으리라.

저녁식사 후 준비한 특별여정이 시작되었다. 수련회의 하이라이트라고나 할까. 7코스를 거치면 복음의 의미를 깨닫게 되는 프로그램이었다. 먼저 우리 각자의 죄짐이 어떻게 무겁고 불편한 것인지 알게 하기 위해서 자기 죄를 고백한 종이로 가면을 만들어 쓰고 무거운 물풍선을 목에 메고 장애우 체험을 해보게 했다. 다음은 십자가를 지고 가는 길이 좁고 거친 길임을 천으로 만들어진 어두운 동굴을 통과해보면서 느끼게 했고 참된 용서는 성령의 9가지 열매를 맺을 때 가능할 수 있기에 성령의 열매들을 찾아 오려붙여 보는 시간을 가졌다. 앞의 코스를 지날 동안 가면을 쓰고 물풍선을 목에 멘 아이들은 산에 올라 십자가 앞에 선다. 이사야 53장 6절 "우리는 다 양 같아서 그릇 행하며 각기 제 길로 갔거늘 여호와께서는 우리 무리의 죄악을 그에게 담당시키셨도다"를 읽으며 예수님이 우리의 죄 때문에 십자가에 못박히셨음을 알게 한다. 그리고 한 명 한 명이 십자가 앞에서 자신의 죄(가면과 물풍선)를 내려놓고 정결케 되는 엄숙한 기도의 시간을 가졌다. 이렇게 죄에서 해방되어 홀가분해진 아이들은 세족식을 통하여 제자의 종된 겸손과 섬김의 실천을 배운다. 마지막으로 예수를 영접한 후에도 마귀의 유혹은 계속됨을 알고 십자가 중심의 생활만이 유혹을 이길 수 있는 길임을 실천할 수 있도록 다짐하고, 세상에서의 모든 시련을 이기고 영원한 나라에 들어갈 소망 가운데 아이들에게 흰옷과 승리의 면류관을 씌워 주었다.

밤이 되자 이불이 넉넉하지 못한 관계로 아이들을 다 눕히고 나니 교사가 누울 자리가 없어 아이들 발밑에 몸을 걸치고 한숨 붙이려는데 수 십 명이 모인 곳이라 밤새 별별 잠꼬대와 괴성이

난무하고 구르고 뒤집고 엮어져서 제자리를 지키는 아이가 없었다. 그래서 사이사이 다리로 뒤엉킨 아이들 풀어주고 더워하는 아이 이불 벗겨 주고 추워하는 아이 덮어주고 우는 아이 달래고 일찍 깬 아이 어르다보니 아침이 밝아왔다. 밤새 근무하는 사이 묵상과 기도를 반복하는데 지금까지 내 잠자리가 얼마나 쾌적하고 안락한 곳이었는지 감사하지 못한 것, 잘 때 남편이 부스럭거린다고 심통 부린 것을 회개했고, 가정이 제공해 준 편리함에 감사했다. 나에게는 '체험현장 24시'가 되었다.

다음 날이 되자 전날 새벽부터 밤까지 자지 못해 30시간을 근무한 셈이 되었다. 허약체질인 내 육체의 한계를 이미 몇 시간 전에 넘어버린 나로서는 "이렇게 힘든 교사직분 여름성경학교에서는 또 어떻게 감당할꼬! 내가 이렇게 고생해야 할 이유는 분명 예수님 때문이지만 도저히 더는 못하겠으니 좀 다른 방법을 알아보자!" 했더니 다음 날 새벽기도에서 주님이 말씀하셨다. 마가복음 10장 34절로 "이방인들은 나를 조롱하고 침 뱉고 채찍질하고 죽일 것이다. 그러나 나는 3일 만에 다시 살아날 것이다." 예수님이 짊어진 십자가의 세 가지 속성을 묘사하고 있다. 첫 번째 속성은 흠 없이 정결한 사람이 억울하게 당하는 정신적 모욕과 핍박, 두 번째는 육체적 죽음, 세 번째는 영혼의 부활, 즉 영광스런 부활을 위해서는 반드시 그 이전의 핍박과 죽음이 동반되어야 하는 십자가의 원리를 알지 못하고 또는 알지만 동참하기 싫어서 외면한 채 부활의 영광만 누리려는 핵심을 상실한 변두리 신앙인이 되지 말 것을 권고하셨다. 돌아오면서 "아버지의 뜻이 정 그러시다면 또 간다니까요."

교육이라는 이름의 죄

'교육'이란 무엇일까? 교육이 능력을 가지기 위해서는 '가르치는 것'이 아니라 '깨닫게' 해야 한다. 교육은 내 인생의 화두고 주 테마였지만 교육의 본질은 이미 주님이 행동으로 가르치고 삶으로 보여 주셨다.

처음 교육학을 공부할 때는 세상의 모든 사람을 가르칠 수 있다고 생각했고 내가 배운 지식을 할 수 있는 한 많은 사람들에게 말해주고 싶었다. 그래서 길을 가다가도 자녀를 때리는 엄마를 만나면 붙잡고 가르치려는 사명감에 불탔던 적이 있었다. 지금은 아무도 가르칠 수 없다는 것, 나한테 가르쳐지는 사람은 없다는 것을 알기 때문에 학교에서 학생들조차 가르치려 하지 않는다.

단지 보여줄 수 있을 뿐이다. 내가 가르치고자 하는 바를!

다른 사람이나 또는 자녀를 가르쳐야 한다고 생각하기 때문에 우리는 설명하고 잔소리한다. 하나님이 우리를 가르치기 위해 계속 말씀하신다면 우리의 귀는 아마도 다 헐어 버렸을 것이다. 주님의 입장에서 본다면 우리에게 가르칠 것이 좀 많겠는가? 주님은 우리가 깨달을 수 있는 환경만을 세팅해 주실 뿐 스스로 변화될 때까지 말없이 지켜보아 주신다. “네가 해낼 수 있다는 것을 믿는다”는 사랑으로 기다리고 기다려주신다. 우리도 남편이나 자녀에게 이렇게 하면 안 될까? 학교에서 선생님들이 제자를 이렇게 가르치면 안 될까? 물론 이렇게 하기에 우리의 지식이 부족한 것이 아니라 우리의 사랑이 부족하겠지만….

요즈음 하도 말로 가르치려는 사람들 주위에 둘러싸여 있다보니 지겨워서 “무엇이 문제인지?” 묵상하게 되었다. 일단 이 사람들이 착각하는 것 중의 하나는 ‘가르침’을 말로 설명할 수 있다고 여기는데 ‘가르치는 것’은 ‘깨닫게 하는 것’임을 이해한다면 설명이 얼마나 부질없는지 알 수 있을 것이다. 다른 하나는 지속적인 일깨워줌, 즉 잔소리인데 이것이 얼마나 다른 사람을 변화시키는 효험이 있었는지 돌아보았으면 한다. 지금까지 나는 다른 사람의 잔소리 때문에 변화된 사람을 만나본 적이 없다. 왜냐하면 잔소리와 간섭은 상대방을 신뢰하지 못한다는 간접적이지만 명확한 표현이기 때문이다. 왜 이렇게 비효과적인 방법을 계속하는지 모르겠다. 일생동안 잔소리를 멈추지 않는 사람들도 있다. 주님은 우리를 무척 많이 변화시켰지만 잔소리는 한마디도 하지 않고 심지어 똑같은 말을 반복한 적도 거의 없다. 그런데 누가 가르쳐 준 어떤 말보다도 영향력 있게 나를 변화시키고 고치고 회복시켰다.

살면서 우리가 가까이 있는 사람들에게 교육이라는 명목으로 짓는 죄 중의 하나가 역할중심으로 인격에 부과하는 스트레스다. 예를 들면, "너는 오빠(누나)니까 양보해야 돼!", "엄마가 그러면 되냐?", "아빠가 돈을 벌어 와야지", "동생이 대들면 안 되지", "너 입시생 맞아"와 같이 하나님이 주신 질서를 지키는 것처럼 가장해서 한 인격을 말살해가는 것이다. '나'라는 개체는 누나이기 전에 딸이기 전에 아내 며느리이기 전에 한 사람, 고유하며 유일한 하나님이 가장 기뻐하시는 실존인데 인간의 편의를 위해 관계성만을 추궁할 때 원인격의 존엄성은 훼손당하는 것이다.

만약 하나님께서 우리에게 역할로 추궁하셔서 "너는 엄마가 되어 자식 신앙교육을 어떻게 시키고 있는 것이냐?", "딸이 돼 가지고 부모를 위해 그것밖에 기도 안 하냐?", "아내로서 남편을 위해 마땅히 구해야 될 것들을 구하고 있느냐!"고 매일 기도할 때마다 이렇게 따진다면 기도가 공포스러워질 것이다. 다행스럽게도 주님은 우리가 다른 사람들을 이런 방식으로 추궁했을지라도 우리에게는 이렇게 한 번도 하지 않으셨다. 주님의 기준으로 정해 놓은 '나'나 주님이 되기를 바라는 '나'가 아니라 현재 있는 자연인인 '나'를 받으시고 주님의 계획대로 만져주셨다. 즉, 내가 누구이기 때문이 아니라 그냥 한없이 이기적이고 흠투성이의 '다듬어지지 않은' 본연의 '나'를 인정해주셨고 거기서부터 시작하셨다.

다른 사람의 문제를 상담할 때 상대방이 말하려는 내용뿐 아니라 말하려는 의도를 들어주는 반영적 경청이 중요하다. 해결방법을 제시하거나 마땅히 해야 할 바를 지적하거나 그 사람이 되어야 할 모습을 가르쳐 주는 것은 별반 도움이 되지 못한다. 그저 문제를 들어주고 그의 하소연에 공감해주고 정서적인 어려움을 같이 힘들어 해주는 것만으로도 해결책을 스스로 발견하거나 문제의 원인을 깨닫고 돌아가게 된다. 아무것도 가르치지 않고 그저 들어주기만 했는데도 많은 것을 배우고 돌아가게 된 것이다.

2백 년 전의 중국인들이 생각하는 훌륭한 지도자는 그가 임무를 끝마쳤을 때 백성들이 '우리가 그 일을 해냈다'라고 말하게 하는 지도자라고 한다. 즉, 스스로 해낼 수 있도록 내면의 능력들을 믿어주고 시행착오를 통해 자신의 것으로 만들 때까지 충분히 기다려 주는 것이 교육의 본질이다. 예수님이 제자들의 현재 능력이 아니라 내면의 가능성을 통찰하시고 그것이 현실화될 때까지 끝끝내 기다려 주신 것처럼….

하나님이 교수되시는 수업

사람들 앞에서 주님을 시인하면 주님도 나를 시인해 주시겠다는 말씀을 수업을 통해 체험하게 하셨다. 수업 시작하기 전에 기도하고 수업 중간 중간에 그날 받은 말씀을 선포하는데 주저함이 없었던 한 학기를 끝내자 크고 비밀한 일들을 펼쳐 주셨다. 학생들의 극적인 변화와 더불어 영광스런 간증 잔치에 참여하게 된 것이다.

학문적인 수업을 위해 한 사람의 교사로 섰을 때 나의 열심과 전문성을 통해 학생들을 변화시킬 수 있는 부분이 있었다면, 내가 한 사람의 그리스도인으로 섰을 때는 학문이 결단코 할 수 없었던 치유와 회복의 역사들이 사람들의 내부에서부터 발행했다.

나는 분명히 보았다. 십수 년 동안 학문의 이름으로만 나아갔을 때 학생들에게 일어났던 변화를 다 합친 것보다 더 강력한 변화들이 이번 학기 학생들의 내면에서부터 터져 흘렀던 것을…. 내가 하고자 했을 때 1만큼의 변화가 있었다면 주님이 개입하시게 했더니 100만큼의 결과, 즉 뼈 속까지 침투하는 원적외선의 에너지가 되었다. 이제 더 이상 왜 내가 나서서 일하겠는가? 주님이 일하시게 내어 드리지 않을 이유가 있겠는가?

학생들에게 「영감을 주는 자녀교육」을 읽고 리포트를 제출하라 했더니 책을 읽지 않거나 대충 읽고 쓰려고 했던 학생들조차 책을 끝까지 읽을 수밖에 없도록 하나님께서 작업하셨고 책을 읽는 동안 그 안에서 일하시는 주님을 영으로 만나는 역사가 일어났다. 그래서 리포트 발표 시간에 학생들이 어린시기의 상처와 부모님과의 갈등, 가장 가까운 사람에게 인정받지 못하는 좌절감 등을 눈물로 토로하는 가운데 성령이 임하시고 해결과 위로의 터치가 일어났다.

또 어떤 학생은 욕심이 너무 많아 무엇이든지 좋은 것은 두 개씩 가지고 아무에게도 나누어 주지 못했는데 내가 수업에서 죽음에 대해 이야기하고 나서 집에 가서 자기가 죽어 누워 있는 모습을 그려 보았다고 한다. 그랬더니 저 속에서 "살아있는 동안 그렇게 아끼고 아까워하던 것 나한테 잘해주고 소중했던 사람들한테 나누어 주었더라면 얼마나 좋았을까"하는 후회가 하염없이 밀려와 살아있을 때 당장 실천하기로 마음먹고 벌떡 일어나 주머니를 만들었단다. 주머니에다 두 개짜리들을 모두 하나씩 담아 사람들에게 나누어 주었더니 사람들이 행복해 했고 자신은 그렇게 홀가분할 수가 없다고 간증했다. 이것은 아무리 뛰어나고 실력 있는 유아교육학자라도 할 수 있는 일이 아니었음을 정직히 자백한다. 나는 책을 쓸 수 있을 뿐이었고 유아교육이라는 학문의 이론들을 설명할 수 있을 뿐이었지만, 학생들로 하여금 책을 읽게 하시고 학문의 진정성을 깨치게 하신 것은 주님이었음을 다시 고백한다.

어떤 학생은 복지관에서 일하는데 가르치는 학생들의 전형적인 애정결핍 증상 때문에 탈진하였고 해결책을 몰라 혼돈스러운 가운데 드디어 문제의 해결점을 발견하고 하나님께 감사하다고 적었다. 나로부터는 두 가지 장점을 배웠는데, 하나는 내가 잘못을 드러내고 시인하는 모습이었고 다른 하나는 하나님과 동행하는 모습이었다고 한다. 그래서 지금까지 자기 학생들에게 잘못한 것에 대해 '미안하다' 말한 적이 없었는데 이제는 '미안하다'고 말하게 되었다고 한다. 또 그동안 자신의 지식으로 실타래들을 풀어 보려고 애쓰면서 주님께 맡기지 못했는데 이제는 아이들이 학교 가기 전에 성경을 읽히고 기도를 한 후에 보낸다고 한다. 하나님의 주권을 엄숙하게 인정하는 교사로 거듭난 것이다.

이 일들을 통하여 하나님께서 나를 공부시키시고 내 학문을 통해 펼치고 싶은 일이 무엇이었는지 자명해졌다. 내가 주님의 이름으로 나의 학문 아주 작은 부분까지 모두 내어드릴 수 있기를 기다리신 것이었다.

참고문헌

구본일 역(1999). 태교와 육아법. 서울 : 토방.

김유미(2002). 두뇌를 알고 가르치자. 서울 : 학지사.

문용린(1996). 성숙한 감성교육의 방향모색 : 유아교육. 사단법인 한국 어린이 육성회.

이경우 역(1994). 당신도 유능한 부모가 될 수 있다. STEP. 서울 : 창지사.

주정일 · 백경임(1999). 성, 아기때부터 사춘기까지. 샘터 유아교육신서.

Daniel Goleman(1995). *Emotional Intelligence*. Bantam Books.

Spencer Kagan & Miguel Kagan(1998). *Multiple Intelligence*. Kagan cooperrative learning.

저자_ 황순각

1985년 이화여자대학교를 졸업하고 중앙대학교 대학원에서 유아교육학으로 석사와 박사학위를 받았다. 석사를 졸업한 후 미국 Montgomery 대학에서 아동발달과 장애 영유아를 공부하였다. 미국에서 돌아온 후 두 아이를 기르면서 박사공부를 마쳤다. 유치원과 어린이집 교사로 재직하였고 최근 캄보디아 소재 Angkor 대학 교수로 선교사 사역을 마치고 돌아왔다. 현재는 서울교육대학교에 강의교수로 있다.

1990년에 세례를 받았고 12년간 주일학교 교사로 봉사하였으며, 지금은 일산에 소재한 주말씀 교회에서 섬기고 있다. 슬하에 외국에 주재하는 딸과 약대에 재학중인 아들이 있으며 남편은 의과대학 교수로 재직 중이다.

주요 저서 및 논문은 전통문화와 소쇄원(2015), 영감을 주는 자녀교육(2007, 영문), 유아신체활동(2005, 양서원), 유아를 위한 체육활동 가이드(2005, 양서원), 유아신체활동 프로그램의 구성 및 효과(2000, 박사학위논문), 표현 언어가 4세 유아의 언어적 지시수행능력에 미치는 영향(1989, 석사학위논문) 외 다수가 있다.

능력있는 부모가 되는 비결 【제2판】

| 저 자 | 황순각

| 1판 1쇄 | 발행 2008년 2월 11일
| 1판 2쇄 | 발행 2009년 9월 25일
| 1판 3쇄 | 발행 2010년 3월 31일
| 1판 4쇄 | 발행 2010년 10월 30일
| 2판 1쇄 | 발행 2015년 9월 5일

| 발행인 | 김동훈
| 발행처 | 공동체

| 주소 | 경기도 고양시 일산동구 호수로 358-39, 동문타워 I 905호(백석동)
| 전화 | 031)920-8305(대표)
| 팩스 | 031)920-8308
| e-mail | compub@naver.com
| 출판등록 | 2005년 10월 6일
| 등록번호 | 제396-2005-36호

ISBN 978-89-6352-822-9
정가 12,000원